Das Allgäu kocht regional

IMPRESSUM

Herausgeber	Rita Brinz, Gerti Epple
Fotos	Angela Bauer, Rita Brinz, Gerti Epple, Lisa Schätzle
Layout	angelabauer.design
Lektorat	Kristina Rundt
Verlag	BAUER-VERLAG, Gennachstraße 1, 87677 Thalhofen www.verlag-bauer.de
ISBN	978-3-95551-008-4

1TL Agar-Agar entspricht 6 Blatt / 10 g Gelatine

GERTI EPPLE & RITA BRINZ

Warum unser Buch entstand...

Das Buch entstand in der Absicht, jungen Menschen (aber auch allen anderen) den **Zugang zu unserem heimischen, regionalen** und **saisonalen Gemüse und Obst zu eröffnen**. Schnuppern Sie doch einfach in den Gemüsesteckbriefen und werden Sie neugierig auf weniger Bekanntes! In den Supermärkten vermissen wir oft in der Obst- und Gemüsetheke die Vielfalt an regionalen und saisonal reifenden Früchten. Will man bestimmte Lebensmittel wie Pastinake, Steckrübe, Petersilienwurzel, Mangold, Stachelbeeren usw. genießen, muss man oft auf dem Wochenmarkt, im gut sortierten Supermarkt oder im Bioladen suchen.

Abwechslung auf dem Mittagstisch ist uns sehr wichtig. Erfahren Kinder, wie frisch, farbig und duftend Essen sein kann, prägt sich das ein ganzes Leben lang ein. Mindestens die Hälfte unserer Nahrung sollte aus Gemüse und Obst bestehen. Doch die Realität sieht oft anders aus. Verschiedenste Studien zeigen auf, **dass viel zu oft Fleisch und Fastfood verzehrt wird**. Mit unseren pfiffigen, meist schnell zubereiteten vegetarischen Rezepten möchten wir Ihnen nach dem Motto "Besser essen" eine **gesunde Alternative zu Fleisch** aufzeigen. Unsere hausgemachten Köstlichkeiten liefern hochwertiges pflanzliches Eiweiß, komplexe Kohlenhydrate, wenig Fett, viele Vitamine sowie Wasser und Ballaststoffe für eine gesunde Verdauung.

Für viele ist das wichtigste Gut in unserem Leben die Gesundheit. **Gemüse und Obst** schenken uns eine Vielzahl an sekundären Pflanzen- und Vitalstoffen, die unseren **Stoffwechsel anregen und unser Immunsystem stärken**. Unerlässlich aber ist die innere Qualität dieser Früchte der Erde: reif - gesund - arm an Umweltgiften. Essen aus biologisch angebauten regionalen und saisonalen Lebensmitteln steht für bessere Verträglichkeit, eine höhere innere Qualität, besseren Geschmack, kurze Transportwege und aktiven Natur- und Umweltschutz. Deshalb haben wir bewusst in unseren Rezepten nur Obst- und Gemüsesorten ausgewählt, die in unseren heimischen Gärten im Allgäu wachsen und reifen.

Mit den Gemüse- und Oststeckbriefen möchten wir Ihnen gerade die weniger bekannten Arten aufzeigen. Vergeblich werden sie nach Äpfeln oder Birnen sowie Tomaten und Gelbe Rüben suchen . . . Wir hoffen Ihnen damit eine Hilfe zum Erkennen, Ausprobieren und Neuschmecken dieser aromatischen Früchte zu geben, die in unserer Region Allgäu wachsen und reifen. Es lohnt sich.

Wie es begann...

Angefangen hat alles für uns in jungen Jahren, als wir uns gemeinsam für den gleichen Beruf entschieden haben. Wir sind beide auf einem Bauernhof im Westallgäu aufgewachsen und haben so **von Kindesbeinen an** erfahren, wie vorzüglich regionales Obst und Gemüse aus Garten, Wald und Wiesen ist. Es war für uns selbstverständlich, die Früchte jeder Jahreszeit in köstlichen Speisen auf dem mittäglichen Familientisch zu genießen - **schmecken sie doch zur Zeit ihrer natürlichen Reife am besten** und haben darüber hinaus gleichzeitig den höchsten Gehalt an Vitalstoffen.

Eingebunden in den **Jahreskreislauf der Natur**, halfen wir bereits im Frühjahr im Garten verschiedenste Gemüse- und Salatsorten auszusäen. Wir konnten beobachten, wie aus den Samen zarte Pflänzchen wuchsen und unsere pflanzlichen Lebensmittel entstanden. Zu Ostern pflückten wir auf der Wiese Sauerampfer, Brennnesseln, Spitzwegerich, Giersch und Vogelmiere, damit daraus eine Gründonnerstagssuppe oder der erste Frühlingssalat kreiert wurde. Das Zupfen der Johannisbeeren machte uns nicht immer Spaß, obwohl sie uns **ganz frisch vom Strauch immer am besten schmeckten**. Im Herbst gab es dann Äpfel, Birnen, sämtliche Kohlarten und vieles mehr aus dem Garten sowie Holunder- und Ebereschenbeeren aus der Natur. Unsere Mütter verstanden es, aus diesen Schätzen ganz naturgemäß die **Regale im Vorratskeller mit Kompott, Saft und Marmelade für den Winter zu füllen.** Als einziges Konservierungsmittel dienten damals Zucker, Salz und Gewürze.

Zurück zu den Wurzeln...

In unserer beruflichen Tätigkeit arbeiten wir viel mit jungen Menschen zusammen. Dabei beobachten wir, dass diese oft heimisches Obst und Gemüse weder kennen noch zubereiten können, noch wissen, wie es schmeckt. Durch das jahreszeitlich unabhängige Dauerangebot in den Supermärkten können sie nicht mehr erkennen oder lernen, wann welches Gemüse in der Region gerade Saison hat. Gleichzeitig fehlt oft die Kenntnis, welche Fülle an Lebensmitteln in unserer Region reift und welche Sorten bei uns im Allgäu in den heimischen Gärten wachsen würden. **Vieles**, was unseren Müttern noch selbstverständlich war, **ist heute in Vergessenheit geraten** oder im Alltag des modernen Lebens einfach nicht leicht umsetzbar. Doch immer mehr Menschen erkennen wieder den großen Wert der selbst hergestellten regionalen und saisonalen Lebensmittel. Immer mehr Menschen wollen wissen, was in ihrer Nahrung drin ist, und die Sicherheit haben, dass diese Lebensmittel **möglichst rückstandsfrei produziert werden**. Die eigene ersehnte Landidylle ist leider oft nicht umsetzbar; sei es wegen des Fehlens eines eigenen Gartens oder einfach aus Zeitgründen.

Neues entdecken...

Wir möchten alle Leser dieses Buches anregen, auch mal **„den Sprung über den Gartenzaun"** zu wagen. Wildfrüchte und Wildkräuter stellen einen immensen gesundheitlichen Wert und eine Bereicherung des Geschmacks in unserem Essen dar. Entdecken Sie mit uns diese ungeahnten Genüsse, bereiten Sie daraus raffinierte und köstliche Gerichte!
Wir möchten Sie mitnehmen auf eine **kulinarische Entdeckungsreise in unserer Heimat**. Erweitern Sie Ihren Speiseplan auf allgäuerische, genussvoll-vegetarische Art mit Ebereschen, Mairübchen, Schwarzwurzeln, Gutem Heinrich, Roter Beete, Feldsalat und vielem mehr und lernen Sie diese auf eine ungeahnte Art und Weise kennen. **Viele Rezepte können auch zu Fleisch oder Fisch gegessen oder mit ein wenig Geräuchertem abgewandelt werden**. Ebenso können die meisten Gerichte mit ein paar kleinen Änderungen **auch vegan** zubereitet werden.

Zum Abschluss noch eine kleine Anmerkung

Wir sind keine puristischen Verfechter der „absoluten Regionalität", deshalb verwenden wir in unseren Rezepten als Zutaten Gewürze aus fernen Ländern, Zitronensaft und vielleicht noch hin und wieder in kleiner Menge etwas, was nicht absolut regional oder saisonal ist. Wir wollen Ihnen die Freude am Entdecken und Genießen unserer heimischen Früchte schließlich nicht durch gar zu strenge Vorgaben verderben. **Unsere Rezepte sollen alltagstauglich und „machbar"** sein. Was natürlich nicht heißt, dass Sie sich nicht selbst strengere Regeln auferlegen dürfen ...

Auf jeden Fall wünschen wir Ihnen recht viel Freude beim Nachkochen, jederzeit ein gutes Gelingen und einen perfekten Augen- und Gaumenschmaus beim Genießen mit unserem Kochbuch:

Das Allgäu kocht regional

Saisonal - Original - Genussvoll vegetarisch

Gerti Epple & Rita Brinz

Frühling

Suppen

16 Neun-Kräutersuppe
17 Brennnesselsuppe
18 Spinatsuppe
19 Mairübchen-Cremesuppe mit Ziegenfrischkäse und karamellisierten Radieschen

ab Seite 10 Pflanzen-Portraits

Kalt

20 Fruchtige Kohlrabi-Rohkost, Kohlrabi-Karotten-Rohkost
21 Wildkräutersalat
22 Rucolasalat mit Erdbeeren
23 Kräuteröl, Kräuterweiberl, Kräuterbecher
24 Kräutersalz, Rosenessig

Warm

25 Kartoffeltaschen mit Bärlauchfüllung
26 Grüne Klöße
27 Brennnessel-/ Gierschknödel
28 Kartoffelküchle mit Brunnenkresse-Dip
29 Spinatknödel
30 Wildkräuter-Spätzle
31 Bärlauchspätzle auf Schafskäsesoße
32 Bandnudeln mit Wildkräuterpesto
33 Gefülltes Giersch-Omelett
34 Kerbel-Kartoffeln
35 Kartoffelwähe mit Gutem Heinrich
36 Gefüllte Kohlrabischnitzel
37 Gefüllte Kohlrabi in grüner Soße
38 Brennnessel-Schnitzel mit „Bärziki"
39 Bärige Frühlingsrolle
40 Brennnessel-Auflauf
41 Spinatschnecken
42 Bärenklauknospen in Backteig
43 Wildkräuter-Tarte

Süß

44 Holderküchle ohne Milch
45 Panna Cotta mit Duftveilchensirup
46 Wilder Hugo
47 Waldmeister-Götterspeise
(Maibowle für Verliebte)

54 Heusuppe
55 Aufgeschäumte Erbsensuppe mit „Goldwürfeln"
56 Kräutersuppe

Suppen

Sommer

Kalt

57 Grüne Bohnen-Nudel-Salat
58 Allgäuer Brotsalat
59 Faltenbrot mit Kräuterbutter, Kräuterquark
60 Gestockter Steinpilz

Pflanzen-Portraits ab Seite 48

Warm

61 Gemüse-Wraps
62 Mariniertes Sommergemüse
63 Überbackene Käsekartoffel
64 Überbackene Zucchini
65 Zucchini-Puffer mit Tomatenragout
66 Zucchini-Käse-Puffer
67 Gefüllte Zucchini mit Dinkelschrot und Gemüse
68 Überbackene Zucchinischeiben
69 Zucchini-Quiche
70 Gesunde Gemüse-Pfanne
71 Pasta mit Feta
72 Tortellini-Pfanne
73 Spinatlasagne mit Tomatensoße
74 Gefüllte Paprika
75 Pilzragout mit Semmelknödeln
76 Bunter Gemüseeintopf mit Staudensellerie
77 Gemusebolognese
78 Buntes Gemüseblech mit sommerlichem Joghurt-Dip
79 Gemüse-Döner
80 Kartoffelnudeln (Gnocchi) in Tomaten-Fenchel-Gemüse
81 Quarkgnocchi mit Ofentomaten und Schnittlauch
82 Bandnudeln mit Fenchel
83 „Allgäuer Duranand" auf dem Blech
84 Kartoffelpizza
85 Älpler-Kartoffeln
86 Bohnen-Eintopf mit Basilikumsauce
87 Carbonara-Auflauf
88 Opas Bohnenspatzen
89 Zwiebelsäckchen
90 Mangoldwickel
92 Schnelles Baguette mit Kräutern

Süß

91 Süße Hirtebuabe in Minzsauce
93 Johannisbeerkuchen
94 Kornelkirschlikör, Kornelkirschmarmelade
95 Lavendelcreme mit gedünsteten Birnen
96 Thymian-Parfait
97 Knusper-Beerentraum
98 Salbeiküchle, auf allgäuerisch „Salvermäusle"
99 Erdbeer-Rhabarber-Tiramisu
100 Sommerlicher Beerenschlupfer
101 „Schräger Otto" – ein besonderes Fruchtgelee mit Joghurtcreme

Herbst

Suppen

108 Weiße Bohnensuppe
109 Blumenkohl oder Brokkolicremesuppe
110 Fenchelcremesuppe
111 Karottensuppe mit Suppenmaultäschle
112 Kürbiscremesuppe
113 Erbsensuppe mit Spinat

Kalt

114 Kürbisrohkost mit Äpfeln und Karotten, Blumenkohlsalat roh
115 Topinambur-Möhren-Salat

Pflanzen-Portraits ab Seite 102

Warm

116 Gefüllter Kürbis mit Pfiff
117 Allgäuer Kräuterstrudel
118 Allgäuer Gemüsestrudel
119 Gemüseküchle mit Tomatensoße
120 Gemüse-Eintopf
121 Allgäuer Käseauflauf
122 Mangold-Kürbis-Lasagne
123 Spaghetti mit Spinat-Sahne-Soße
124 Makkaroni-Auflauf mit Spinat
125 Ravioli mit Steinpilzfüllung in Salbeibutter
126 Waldpilz-Pasta
127 Brokkoli-Cannelloni
128 Kürbis-Ravioli
129 Maultaschen mit Lauch-Tomaten-Gemüse
130 Tortellini-Auflauf mit Gemüse
131 Cannelloni mit Gemüse-Füllung
132 Gemüselasagne mit Brokkoli
133 Gemüselasagne mit Kohlrabi und Lauch
134 Herzhafter Flammkuchen
135 Spinat-Calzone mit Pilzen
136 Gemüse-Pizza
137 Gefüllte Äpfel auf Salat
138 Gefüllte Zucchini
139 Zucchinikuchen

140 Rosmarin-Kartoffeln mit Schafskäse
141 Würzige Bohnen-Kartoffel-Pfanne
142 Blumenkohl-Brokkoli-Rosenkohl-Gratin
143 Blumenkohl-Brokkoli-Ecken
144 Fenchel-Paprika-Gemüse
145 Spinat-Quarkknödel mit Pfifferlingen oder Kräutersaitlingen
146 Sellerieschnitzel auf herbstlichem Gemüse

Süß

147 Hagebutten-Joghurt-Nockerl an Fruchtspiegel
148 Hagebutten-Tiramisu
149 Hagebuttenspiegel mit Schokomousse
150 Hagebutten-Quark
151 Knuspriger Apfel-Auflauf
152 Rote Grütze mit Eierlikörrahm
153 Ebereschen-Kürbis-Chutney mit Ziegen-Camembert
154 Herbstkompott
155 Fruchtmilch "Allgäu"

Winter

ab Seite 156 Pflanzen-Portraits

Suppen

162 Schwarzwurzelcremesuppe
163 Petersilienwurzelsüppchen
164 Selleriecremesuppe
165 Pastinakensuppe
166 Wirsingrahmsuppe, Alant-Kartoffelsuppe
167 Steckrübensuppe

Kalt

168 Rote Beete-Salat
169 Rote Beete-Rohkost
170 Fenchel-Salat mit Honig-Senf-Vinaigrette
171 Winterlicher Blaukrautsalat, Blaukrautsalat, roh
172 Feiner Wintersalat mit Petersilienwurzeln in zarter Käsehülle
173 Schwarzwurzelsalat mit Rucoloa

Warm

174 Wirsinggemüse
175 Schnelle Schwarzwurzel-Spitzwegerich-Pizza
176 Gemüse-Püree als Beilage – anstatt Kartoffelpüree
177 Rosenkohl-Gnocchi-Gratin
178 Rosenkohl-Champignon-Spätzlepfanne
179 Krautkrapfen amol andersch
180 Blumenkohl-Kartoffel-Gratin
181 Wirsingstrudel
182 Krautrouladen mit Gemüse-Dinkel-Füllung
183 Schwarzwurzelauflauf mit Käsesoße und Kartoffeln
184 Allgäuer Wirsing-Lasagne
185 Weißkraut-Lasagne
186 Feine Küchle aus Weißkraut mit Grünkernschrot
187 Steckrübenauflauf
188 Steckrübensauce mit Bandnudeln
189 Steckrübeneintopf mit Graupen und Wirsing
190 Graupeneintopf mit Käseklößle
191 Rosenkohl-Kartoffel-Gratin
192 Kartoffelauflauf
193 Pastinakenküchle
194 Gemüsebandnudeln, winterlich, mit Kürbiskernpesto
195 Linseneintopf
196 Veggiebraten
197 Chinakohl, überbacken
198 Winterliche Ratatouille
199 Petersilienwurzelküchle an Tomatensauce

Süß

200 Quittengelee und Quittenbrot
201 Sanddornparfait an Spiegel aus heimischen Beeren
202 Bratäpfel mit Marzipan
203 Apfel-Sanddorn-Strudel mit Mohnkruste
204 Kürbisdessert mit glasierten Walnüssen
205 Topfenküchle mit Wildbeerensoße

Bärlauch

Der wohl **bekannteste wilde Lauch** ist unser Bärlauch. Wandert man im zeitigen Frühjahr durch manche Laubmischwälder oder an den Iller-Auen entlang, so duftet es von allen Seiten sehr intensiv nach Knoblauch. Der Bärlauch **liebt feuchte Böden**. Für seine Verbreitung nimmt er seine Waldfreunde zu Hilfe: Ameisen und umherstreifende Tiere verschleppen die Samen an andere Stellen, wo sie wieder keimen und kleine Zwiebelchen und schließlich schmackhafte Blätter, Knospen, weiße Blütenkugeln und wieder Samen bilden. **Alle Teile** des Bärlauchs sind **essbar**. Wann jeweils die richtige Zeit dafür ist, zeigt uns die Pflanze selbst.

Bärlauch enthält wertvolle **Senföle**, welche die **Entgiftung** des Körpers nach dem langen Winter im Allgäu anregen und unterstützen. Zuerst, wenn die Blätter jung und breit-länglich aus der feuchten Erde sprießen, können wir sie in Füllungen für Pfannkuchen, in Salaten, pikanten Kuchen oder Aufläufen oder zu Pesto verarbeiten und zu vielem mehr. Zeigen sich die Blütenstängel und die Blüten, zieren sie so manche Frühlingssuppe oder -salat. Die Knospen lassen sich als falsche Kapern für den Winter in einen Essigsud einlegen. Die Würzelchen werden erst geerntet, wenn die Blätter vergilben. Wie kurz die Saison für eine regionale Pflanze sein kann oder ist, zeigt uns der Bärlauch sehr gut auf. Respektieren wir dies - auch wenn es ihn noch reichlich gibt.

Bärlauch kann auch **mit hochgiftigen Herbstzeitloseblättern und Maiglöckchen verwechselt** werden. Das erste Gebot für alle Kräutersammler lautet deshalb, ausschließlich Pflanzen zu ernten, die man ganz sicher identifizieren kann. Das achtsame Pflücken bedeutet, dass jedes Blatt angeschaut wird, bevor man es in den Korb legt.

Brennnessel

Jedes Kind kennt sie, ein jeder von uns hat schon seine **leidige Erfahrung mit ihren Brennhaaren** machen dürfen. Die Brennnessel ist mehrjährig, wächst gerne an nährstoffreichen Plätzen oder auf Brachland. Mit ihren gesägten Blättern und den Brennhaaren ist sie unverwechselbar zu erkennen. Doch keine Frühjahrs-Wildpflanze ist **so voller Vitamine und Mineralstoffe**. Sie ist eine Einschleuserpflanze für Eisen, was bedeutet, dass sie den Mineralstoff Eisen im Körper besser verfügbar macht. Eine sehr **wichtige** Eigenschaft gerade für **Schwangere, Stillende und Vegetarier/innen**. Darüber hinaus sind die Blätter sehr eiweiß- und kieselsäurereich.

Gepflückt werden im Frühjahr die jungen Triebe oder die oberen Triebspitzen mit zwei bis vier Blattpaaren. Die Blätter und Triebspitzen werden als Spinat gedünstet, große Blätter zum Einwickeln von Schafskäse verwendet. Als Füllung für einen Auflauf schmeckt Brennnessel hervorragend. Nur Mutige essen sie roh im Salat. Dazu ist es ratsam, die Blätter vorab mit dem Nudelholz zu walken. Als **Aufbaunahrung sind die grünbraunen Samen** der Brennnesseln sehr zu empfehlen. Diese schmecken nussig, aromatisch und können trocken geröstet über den Winter in einem Glas aufbewahrt werden.

Brunnenkresse

Brunnenkresse ist leicht an ihrem **scharfen, senfigen Geschmack** zu erkennen. In **sauberen Bächen** findet man ab Februar/März die kleinen hellgrünen gebuchteten Blätter. Im Mai, wenn die Brunnenkresse blüht, ist der Geschmack der Blüten feinscharf. Diese Wildpflanze, die auch ausgesät und am Wasser, zum Beispiel an einem Teich, **kultiviert** werden kann, gehört zur Familie der Kreuzblütler. Geben Sie Brunnenkresse in Ihre Frühjahrssoße oder in den Salat. Eine perfekte Ergänzung ist sie in pikantem Quark, in Suppe oder in Kräuterbutter, oder einfach aufs Brot.

Brunnenkresse ist eine wahrlich schmackhafte Abwechslung in der **gesunden Frühjahrskost**. Ihre schwefelartigen, ätherischen Öle, die Bitterstoffe, sowie die Vitamine A, C, D und die Mineralstoffe Kalium und Eisen helfen gerade im Frühjahr, **Giftstoffe aus dem Körper zu verbannen** und Vitalkraft essbar zu machen.

Der nussig schmeckende Feldsalat wird oft als der **König der Salate** bezeichnet und ist auch als Ackersalat, Nüsslisalat, Rapunzel und Mausohrsalat bekannt. Er ist eine ein- bis zweijährige, **frostharte Pflanze** (verträgt Fröste bis zu -20 Grad) und wird bevorzugt im Spätsommer bis Herbst ausgesät. Er besitzt einen hohen Gehalt an Vitamin C und Eisen. In den Wurzeln und Blättern sind ätherische Baldrianöle enthalten, die **beruhigend auf den Magen und schlaffördernd** wirken.

Gärtnerischer Tipp: Feldsalat ist in unseren Hausgärten ein unproblematisches und genügsames Gewächs, ja manchmal sogar ein Unkraut, da er im Sommer schnell blüht und sich der Samen im ganzen Garten verteilt. Hat man jedoch trotzdem Probleme, liegt's meistens daran, dass der Feldsalat eine salzempfindliche Pflanze ist und somit **auf gut gedüngten** oder gar überdüngten Flächen gelb wird und eingeht.

Giersch

Viele Jahrzehnte war er ein ungeliebtes Unkraut, nun mausert sich die **schmackhafte ausdauernde Wildpflanze** zum **wertvollen Frühjahrs-Wildkraut**. Sie kann im Gartenbeet allerdings zur Plage werden, da sie sich durch Wurzelausläufer mit ihrer immensen Vitalkraft **extrem stark ausbreiten** kann. Der Giersch gehört zur Familie der Doldenblütler und ist für Laien anfangs etwas schwer zu erkennen. Seit alters her ist er ein bekanntes **Heilkraut**, das gleichzeitig im Frühjahr gerne gegessen wird. Mit seinen ätherischen Ölen, Vitamin C, Carotin und vielen Mineralien **löst** er **Ablagerungen in den Gelenken** und schwemmt sie aus dem Körper. Diese Eigenschaft brachte ihm dem Namen „Zipperleinskraut" ein, eine alte Bezeichnung für die Gicht. Andernorts trägt er den Namen „Geißfuß", da seine jungen Blätter an die Klauen von Ziegen erinnern.

Mit seinem **würzigen Geschmack** nach Gelben Rüben passt Giersch zu Salaten, Suppen, Soßen, Gemüse- und Kartoffelgerichten, zu Spinat- und Brennnesselgerichten. Selbst die **Wurzeln**, ausgegraben und gewaschen, schmecken klein geschnitten ähnlich wie Spargel und daher delikat. **Größere Blätter** eignen sich zum Ausbacken und für Kräutergetränke, die Stängel als Gemüse.

Ernten Sie regelmäßig und von **Frühjahr bis Herbst** in Ihrem Gartenbeet Giersch mit Blatt, Stängel und Wurzel. So hat er keine Chance, sich unkontrolliert auszubreiten und Sie zu ärgern.

Guter Heinrich

Dieses kräftig wachsende grüne Wildkraut heißt wirklich so. Er wächst wild in **alpinen Lagen** und mag die Gesellschaft von Brennnessel und Ampfer. Doch auch im Garten findet er schnell einen unkomplizierten Platz. Man erkennt ihn leicht an seinen **pfeilförmigen Blättern**, die an **Spinat erinnern**. Auf der Blattunterseite bemerkt man schnell kleine „Kügelchen", die sich an den Fingern wie Mehlstaub anfühlen.

Ein wahrer Genuss ist der Gute Heinrich im **zeitigen Frühjahr**, wenn das Kulturgemüse noch in seinen Samen steckt. Ernten Sie die ganzen Triebe mit den jungen Blüten – sie sind eine wahre Wilddelikatesse. Wie Spinat zubereitet, wird er in Salzwasser kurz blanchiert, bis er zusammenfällt, abgeseiht und klein geschnitten. Ob als Belag auf einer Wildkräutertarte, eingewickelt in Blätterteig, im Wildkräutertrunk oder roh im Salat, bringt er im Frühjahr die **Stoffwechselvorgänge** in Schwung und liefert **viele Vitamine und Mineralstoffe gegen die Frühjahrsmüdigkeit**.

Holunder, „Holder"

Viele Jahrhunderte bereits wird der Holunder von der Wurzel bis zur Blütenspitze als **Heil- und Genusspflanze** verwendet. Der alte Spruch „Vor dem Holunder sollst du den Hut ziehen" zeigt diese Wertschätzung gegenüber der alten Heilpflanze. Er wächst gerne in der Nähe des Menschen und ist daher schnell zur Hand, möchte man einen erfrischenden Holdersirup oder -sprudel herstellen.

Im **späten Frühjahr** zeigen sich die leuchtend weißen Blütendolden, die im Allgäu zu schmackhaftem Sirup oder knusprigen **Holderküchle** zubereitet werden. Manche Blütendolde wandert auch in einen luftigen Korb, um sie im dunklen Zimmer für den Winter zu trocknen. Als **süßlichen, schweißtreibenden, fiebersenkenden Tee** findet man sie dann in einer Teekanne wieder.

Die Allgäuer glauben an die gesundheitsfördernde und heilende Kraft des „Holders". Daher ranken sich viele Geschichten um diesen **sagenumwobenen Wildstrauch** unserer Heimat. Alle Teile des Holunderstrauches können genutzt werden. Nicht umsonst heißt es: „Vor dem Holler muss man den Hut ziehen" und „Der Hollerbusch ist die Apotheke des Einödbauern."

Mairübchen

Mairüben, auch Mairübchen genannt, wurden schon in der Antike als Kulturpflanze angebaut, doch später von der Kartoffel verdrängt. Von allen Rüben der Kreuzblütengewächse ist es das **kleinste, aber auch das zarteste** von allen. Interessant ist es heute wieder, da es als eine der ersten Rüben in den Handel kommt. Wie sein Name bereits verrät, ist es von Mai bis Ende Juni auf Wochenmärkten und in gut sortierten Supermärkten zu finden.

Sein Geschmack erinnert an eine Mischung aus Kohlrabi und Radieschen, nur etwas milder und süßlicher. Neben **Senfölen** in der Schale, die auch etwas Schärfe kennzeichnet, geben **verschiedene ätherische Öle** dem Mairübchen eine einzigartige Geschmacksnote. Von ihm ist **alles essbar: die Rübe und die Blattstiele sowie die Blätter**. Die Rüben können roh in einen Salat geschnitten oder geraspelt werden. Auch als Suppe, im Auflauf oder als Scheiben paniert und in Fett ausgebacken, sind diese zarten Rübchen eine Delikatesse. Mögen Sie die Schärfe nicht, dann schälen Sie die Rüben einfach mit einem Kartoffelschäler. Auch die Blattstiele und die Blätter können Sie essen: Als sogenannter Rübstiel werden sie wie Spinat zubereitet und ähneln ihm auch im Geschmack. So ganz nebenbei schenken sie uns viele wertvolle, nervenstärkende B-Vitamine, Folsäure, abwehrstärkendes Zink und blutbildendes Eisen. Die **Blätter** der Rüben liefern viel **Karotin und Vitamin C**.
Überraschen Sie Ihre Familie oder Gäste einmal mit einem Mairübchen-Rahm-Gemüse. Es bereichert die Geschmacksvielfalt Ihres Speiseplans mit feiner Schärfe.

Rhabarber

Rhabarber, ein Knöterichgewächs, zählt zu den alten **Gartengemüsen** und war vor etwa 50 Jahren noch in jedem Bauerngarten zu finden. Inzwischen hat sich Rhabarber zu einer Spezialität im Gemüse- und Obstladen gewandelt. Die alten **grünstieligen** Sorten, die **geschält** werden müssen, werden abgelöst von den **rotstieligen**. Diese können **ohne Schälen** verarbeitet, auf einen saftigen Kuchen gelegt und gebacken werden. Von Mitte Mai bis Ende Juni finden wir Rhabarber im Angebot, der in der Küche interessanterweise als Obst verwendet und genossen wird. Sein leicht säuerlicher Geschmack harmoniert sehr gut mit den süßen Erdbeeren, die zur selben Zeit wachsen und reifen. Leider halten sich Rhabarberstangen nur **maximal einen Tag im Kühlschrank frisch**. Wickelt man sie in ein feuchtes Geschirrtuch und gibt sie anschließend in einen Gefrierbeutel, so kann ihre Frische auf drei bis vier Tage verlängert werden.
Gärtnerischer Tipp: Die mehrjährige winterharte Staude wird immer prächtiger, je länger sie an einem Platz im Garten verbleibt. Düngt man sie mit reichlich Nährstoffen und gibt im Herbst eine satte Gabe **frischen Kompost** über die Wurzelstöcke, dann dankt sie es mit starkem Wuchs und reicher Ernte im Folgejahr.

Die ursprüngliche Heimat des Rucola, auch Rauke genannt, ist Asien und Südosteuropa. Er gedeiht heute in allen gemäßigten Klimazonen, so auch in unseren heimischen Gärten. Seine **löwenzahnähnlichen Blätter** enthalten Senföle, die für einen scharf-würzigen Geschmack sorgen. Im Nachgang entfaltet die Salatrauke einen leicht nussigen Geschmack, der perfekt in viele Frühjahrs- und Sommergerichte passt.

Lassen Sie ein bis zwei Rucolapflanzen über den Sommer stehen, so **samen** sie **selbst aus**. Im nächsten Jahr werden Sie mit vielen kleinen Rucolapflänzchen im Beet beschenkt und brauchen nur noch zu ernten.

Rucola ist eine **Kurztagespflanze**, die im kühlen Frühjahr und Herbst am besten schmeckt. Im Sommer nimmt seine pfefferige Schärfe zu.

Als typischer Salat hält er sich im Kühlschrank, in einem feuchten Küchenpapier verpackt, etwa drei Tage frisch. Kurz kalt gewaschen und klein geschnitten als Beigabe zu Salaten, schenkt er uns als **wahre Vitaminbombe** nicht nur ein pfiffiges Geschmackserlebnis, sondern bewahrt uns vor Erkältungen aufgrund seiner **immunabwehrstärkenden Eigenschaften**. Er passt hervorragend zu Tomaten, zu verschiedenen Nüssen oder als Belag auf eine Frühlingspizza.

Achten Sie bei gekauftem Rucola auf Sortenreinheit und entfernen Sie evtl. Beikräuter vor dem Waschen.

Spinat

Beim Spinat ist die Herkunft nicht gesichert, bekannt ist jedoch, dass er im 12. Jahrhundert aufgrund seiner Vorzüge in Deutschland ähnlich genutzte Gemüse wie Mangold, Gartenmelde und „Guter Heinrich" verdrängte. Es gibt ihn in vielen Variationen, wobei in **Deutschland nur die glattblättrigen** verwendet werden. Spinat gilt wegen seiner Inhaltsstoffe als **eine der wertvollsten Gemüsearten**. Auch wenn sein Eisengehalt doch nicht ganz so hoch ist, wie es lange Zeit als bewiesen galt, übertrifft ihn als Eisenlieferant bei Gemüse nur die Petersilie.

Kaufen Sie frischen Spinat nur, wenn Sie ihn bald verwenden möchten. Dazu werden die welken Blätter entfernt, gründlich durchgewaschen und vorsichtig mit Küchenkrepp abgetupft. Spinat ist empfindlich gegen Frost und Druck und hält **im Kühlschrank** leider **nur maximal drei Tage**. Die Lagerfähigkeit kann etwas verlängert werden, wenn er in eine feuchte Tüte eingepackt wird.

Spinat lässt sich im Gartenbeet im zeitigen Frühjahr leicht aussäen. Am besten sät man im Frühjahr oder ab Spätsommer, da er eine Kurztagspflanze ist, die im Sommer schnell blüht.

Vogelmiere

Schmackhafte Wildkräuter wachsen bei uns im Allgäu in Gärten, auf Äckern und anderen Kultur- und Brachflächen, aber auch an Straßen und Wegrändern und manchmal sogar als Begleitkraut im Blumenkasten. Ursprünglich aus Europa stammend, hat sich die Vogelmiere durch den Menschen über die ganze Welt verbreitet. Sie **bevorzugt kühlere Temperaturen**, sodass sie oft schon fast aus dem Schnee herauswächst. Ihr Auftrag ist, den Boden zu bedecken, und das erledigt sie zuverlässig im Gartenbeet - manchmal zum Leidwesen der Gärtnerin.

Doch anstatt sich zu ärgern, wäre es besser, dieses **vitalstoffreiche Wildkraut** häufig zu verspeisen. Die lockeren Kissen, die sie gerne bildet, können regelmäßig abgeerntet werden. Man kann sie als Vitaltrunk, in Salat und im Kräutersalz verwenden, in die Gründonnerstags-Suppe mischen oder mit anderen Wildkräutern zu feinen Füllungen oder als Soße verarbeiten. Um alle Vitamine, Mineral- und Farbstoffe zu schonen, ist darauf zu achten, dass das klein geschnittene Kraut **der Speise zuletzt beigegeben** wird. Es schmeckt mild, erinnert an den Geschmack von Erbsen und ist leicht an den hübschen, **kleinen, weißen Blüten** und dem **runden unbehaarten Stängel** zu erkennen.
Die Vogelmiere füllt gerade im zeitigen Frühjahr und im Herbst unseren Vitamin- und Mineralstoffspeicher auf und liefert hochwertiges pflanzliches Eiweiß. In der Volksheilkunde wird sie auch zum Herausziehen von Splittern verwendet.

Wildkräuter – erlesener Geschmack und purer Genuss

Bärlauch	starker Knoblauchgeruch, etwas herber als Knoblauch
Bärenklau	sehr würzig, etwas süßlicher Geruch, stark aromatisch, nur die jungen Blätter und die Knospen verzehren
Beinwell	schwach würzig, erdig (ähnlich wie Rote Beete)
Brennessel	Geschmack angenehm würzig, herb, spinatähnlich
Brunnenkresse	scharf-würzig, senfähnlich, Kressegeschmack
Engelwurzwurzeln	etwas süßlich, dabei aromatisch, scharf und bitter
Frauenmantel	schmeckt leicht zusammenziehend, herb
Gänseblümchen	Blüten fein süß, Blattrosette kräftig, ähnlich wie Feldsalat
Giersch	jung etwas süßlich und mild, ältere Blätter kräftig würzig, aromatisch, erinnert an Petersilie, Wurzeln erinnern an Schwarzwurzeln
Huflattich	schwach würzig, salzig, zusammenziehend
Löwenzahn	Blätter bitter und würzig, die Blüten süß und duftend
Sauerampfer	säuerlich und frisch
Schafgarbe	herb-würzig, durchdringend, leicht bitter
Scharbockskraut	angenehm, mild würzig
Spitzwegerich	leicht zusammenziehend, ansonsten mild
Wiesenknöterich	herb-würzig

Neun-Kräutersuppe

40 g	Butter
1-2	Zwiebeln
2	mittelgroße Kartoffeln
1 ¼ l	Wasser
150 g	frische Kräuter: Kerbel, Petersilie, junger Löwenzahn, Sauerampfer, Brennnesseln, Kresse, Bärlauch, Vogelmiere, Brunnenkresse, Schafgarbenblätter
2 EL	Sahne
	Salz
	Muskat

Zwiebel fein würfeln und in der Butter glasig dünsten. Inzwischen Kartoffeln waschen, schälen, klein würfeln und zugeben. Anschließend mit Wasser aufgießen und etwa zehn Minuten zugedeckt köcheln lassen. Kräuter gegebenenfalls verlesen, klein schneiden und fein wiegen.

Zuletzt Kräuter und Sahne zugeben, die Suppe würzen und pikant abschmecken.

Nun nicht mehr köcheln lassen, damit die Suppe ihre grüne Farbe behält. Wenn man die Suppe am Schluss cremig püriert, wird das Aroma der Kräuter noch intensiver.

Frühling

Brennnesselsuppe

500 g	frische junge Brennnesseln
	wenig Salzwasser

Béchamelsoße:

40 g	Butter
50 g	Dinkelmehl
¾ l	Wasser
¼ l	Milch
	Salz
	Muskat, Pfeffer
	Zitronensaft
3 EL	Rahm

Brennnesseln putzen, evtl. waschen, in Salzwasser kurz überwallen lassen und fein pürieren. Das Mehl in Butter hell bräunen, mit Wasser und Milch aufgießen. Anschließend fünf Minuten köcheln lassen.
Vorbereitete Brennnesseln zugeben, mit Salz, Muskat, Pfeffer und etwas Zitronensaft abschmecken.

Variante: Den Rahm steif schlagen und als Häubchen kurz vor dem Servieren auf die Suppe setzen.

Tipp: Diese Suppe kann auch mit verschiedenen Kräutern aus Garten oder Feld zubereitet werden, zum Beispiel Bärlauch, Giersch, Schafgarbe ...

Spinatsuppe

30 g	Mehl	1/8 l	Sahne
40 g	Butter	½ Prise	Nelken, gemahlen
1 l	Wasser		Pfeffer
1 TL	gekörnte Gemüsebrühe		Muskat
400 g	Spinat, frisch		Kräutersalz

Frühling

Butter in einen Topf geben und schmelzen lassen. Mehl zugeben und hellbraun anschwitzen. Mit Wasser ablöschen und mit gekörnter Gemüsebrühe würzen. Zehn Minuten köcheln lassen. Den Spinat klein schneiden und zugeben.
Kurz mitgaren. Suppe mit dem Mixstab pürieren und mit Kräutersalz, Pfeffer, Muskat und Nelken pikant abschmecken.

Die Sahne schlagen und die Hälfte unter die Suppe rühren.
Die Suppe anrichten und mit Schlagsahne verzieren.

Mairübchen-Cremesuppe mit Ziegenfrischkäse und karamellisierten Radieschen

800 g	Mairübchen
1	Zwiebel
1	Knoblauchzehe
2 EL	Rapsöl
750 ml	Wasser
1 Becher	Schlagsahne
100 g	Ziegenfrischkäse
2	Lauchzwiebeln
	Salz
	Pfeffer
½	Zitrone (Saft)
1 EL	Rohrzucker
2 EL	Weißweinessig
n. B.	Radieschen

Mairübchen waschen und wenn nötig schälen. Danach in Würfel schneiden. Die Zwiebel und den Knoblauch grob hacken. Das Rapsöl in einem Topf erhitzen und Zwiebelwürfel und Knoblauch darin anschwitzen, bis die Zwiebeln glasig sind. Die Mairübchen dazugeben und kurz mitdünsten. Mit Wasser aufgießen und aufkochen lassen, dann die Hitze reduzieren und circa 15 Minuten köcheln lassen, bis die Rübchen weich sind. Sahne in den Topf gießen, mit Salz und Pfeffer würzen und alles nochmal kurz aufkochen.
Den Topf vom Herd nehmen. Die Lauchzwiebeln grob hacken und zusammen mit dem Ziegenfrischkase in den Topf geben. Den Zitronensaft hinzufugen und alles mit einem Pürierstab pürieren.
Die Radieschen in dünne Scheiben schneiden. Den Rohrzucker in einem Topf karamellisieren und dann mit dem Weißweinessig ablöschen. Umrühren, bis sich der Zucker komplett aufgelöst hat. Nun die Radieschen dazugeben, umrühren und kurz köcheln lassen.

Die Suppe in einen tiefen Teller oder eine Schüssel füllen und einen guten Esslöffel von den Radieschen in der Mitte drapieren. Die Suppe bekommt durch die Radieschen eine feine süßliche Note.

Fruchtige Kohlrabi-Rohkost

2-3	Kohlrabi, blau oder weiß
2	säuerliche, rotbackige Äpfel
4 EL	Haselnüsse, evtl. selbst gesammelt

Für die Marinade:

3 EL	Mirabellenmarmelade
5 EL	kalt gepresstes Sonnenblumenöl
3 EL	Weißweinessig
	Salz
	Pfeffer
1 EL	Worcestersoße

Zuerst die Marinade herstellen: Mirabellenmarmelade mit Sonnenblumenöl, Salz, Pfeffer, Weißweinessig und Worcestersoße in einer großen Schüssel verrühren und pikant abschmecken. Die Kohlrabi schälen, die Äpfel nur waschen. Kohlrabi und Äpfel mit dem Gemüsehobel in Stifte hobeln (direkt in die Marinade - dies verhindert das Braunwerden der Äpfel), anschließend mit der Salatmarinade vermischen. Den Salat noch circa 15 Minuten durchziehen lassen. Garniert zu Tisch reichen.

Tipp: Sind Mirabellen frisch vorhanden, so geben sie diese statt der Marmelade, entkernt und geviertelt hinzu.

Variation mit Orangen: Geben sie eine filetierte Orange in den Salat. Das gibt einen besonderen Pfiff.

Kohlrabi-Karotten-Rohkost

500 g	Karotten
1	großer Kohlrabi
80 g	Rucolablätter

Für die Marinade:

5 EL	Apfelessig
1 EL	Weißwein
3 EL	Rapsöl, kalt gepresst
1	Knoblauchzehe
2 TL	mittelscharfer Senf
	Salz
	Pfeffer
½ TL	Zucker
	frischer oder getrockneter Dill
	Blüten vom Ackerstiefmütterchen oder Veilchen o. ä.

Den Kohlrabi und die Karotten schälen und anschließend raspeln. Dann Rucola waschen und grob schneiden. Die Marinade in einem Schüsselchen herstellen. Knoblauchzehe schälen und zusammen mit dem Dill fein hacken. Danach Essig, Weißwein, Senf, Knoblauch, Salz, Pfeffer, Zucker und frischen, gehackten Dill verrühren. Mit den Gemüseraspeln vermischen und mindestens 20 Minuten zugedeckt durchziehen lassen. Nochmal pikant abschmecken, dann anrichten und mit Blüten garnieren.

Wildkräutersalat

125 g	Spinatblätter
125 g	Wildkräuter:
	z. B. Brunnenkresse,
	Sauerampfer, Scharbockskraut,
	Wiesenschaumkraut, Veilchen,
	Gänseblümchen, Spitzwegerich,
5	Frühlingszwiebeln
5 EL	Balsamico-Essig
2 EL	Wasser
1	Zitrone
1 TL	Senf
	Salz
	Pfeffer
	Zucker
2	Knoblauchzehen
5 EL	Öl

Die Spinatblätter und Kräuter putzen, waschen und in einem groben Sieb gut abtropfen lassen; kurz vor dem Essen in mundgerechte Stücke teilen.
Zwiebeln in Röllchen schneiden und hinzufügen.
Aus Essig, Zitronensaft, Senf, Pfeffer, Salz, Zucker, zerdrückten Knoblauchzehen und Öl eine pikante Salatmarinade herstellen.
Salat kurz vor dem Essen marinieren.

Tipp: Probieren Sie mal, Ihre altbewährten Salate mit Blüten zu verfeinern, wie zum Beispiel mit Kapuzinerkresse, Gänseblümchen, Borretschblüten, Holunderblüten und anderen, auch die Blütenblätter von Rosen, Dahlien und Lilien sind genießbar.

Auch Ihre Salatmarinade kann durch reichlich Kräuter schmackhaft abgewandelt werden!

Frühling

Rucolasalat mit Erdbeeren

150 g	Rucola
150 g	Pflücksalat
500 g	Erdbeeren

Marinade:

4 EL	Rosenessig (siehe Seite 24)
1 EL	heimischer Waldhonig
4 EL	Leindotter- oder Walnussöl
80 g	Walnüsse
	Salz
	bunter Pfeffer
3 EL	Zitronenmelissen-Blätter

Salat waschen und abtropfen lassen. Die Blätter in mundgerechte Stücke teilen. Die Erdbeeren putzen und in dickere Scheiben schneiden. Vier Esslöffel Erdbeeren mit dem Rosenessig, Waldhonig, Öl und den Gewürzen mischen und mit dem Mixstab pürieren.

Die Walnüsse grob hacken und trocken in der Pfanne rösten. Salat mit Walnüssen und der Erdbeermarinade mischen, pikant abschmecken und anrichten. Dazu passen frisch gebackene Seelen und ein Glas Rotwein.

Kräuteröl

	verschiedene Kräuter
Öl	(z.B. Sonnenblumenöl)
1 TL	Salz
	Knoblauch

Die Kräuter werden klein geschnitten und in ein verschließbares Glas gegeben. Dazu gibt man das Salz und füllt das Glas mit Öl auf.
Man nimmt verschiedene Kräuter, zum Beispiel Schnittlauch, Petersilie, Thymian, Rosmarin, Lavendel, Ringelblumenblüten, aber auch Spitzwegerich, Gänseblümchenblüten, Löwenzahnblätter.
Verwenden kann man das Kräuteröl für die Salatsoße, um Fleisch oder Gemüse einzulegen oder zum Anbraten.

Kräuterweiberl

½ Bund	Dill	½ l	kalte Milch
½ Bund	Petersilie		weißer Pfeffer
½ Bund	Pimpinelle		Salz
¼ l	Orangensaft	2 TL	Honig
6 EL	Zitronensaft		Petersilie zum Garnieren

Die Kräuter waschen und im Mixer pürieren. Danach Orangensaft, Zitronensaft und Milch zugeben, anschließend mit Salz und Pfeffer würzen. Nach Belieben mit Honig abschmecken und mit Petersilie garnieren.

Kräuterbecher

2 Be.	Sauermilch
2 EL	fein gewiegter Dill
2 EL	fein gewiegter Schnittlauch
2 TL	Kresse
	Zitronensaft
	Knoblauchsalz
	Pfeffer

Die Kräuter unter die Sauermilch rühren und dann mit Zitronensaft, Pfeffer und Knoblauchsalz pikant abschmecken.

Bauernhof Friedl
Füssen-Weissensee

Kräutersalz

200 g	Meersalz
80 g	getrocknete Wildkräuter, z.B. Blätter von Giersch, Brennnesseln, Spitzwegerich, Thymian, Dost

Die getrockneten Wildkräuter abzupfen, miteinander mischen. Portionsweise Salz mit Kräutern in einen Mörser geben und verreiben.

Tipp:

Pulver fein mahlen geht auch mit dem Mixstab in einem hohen schmalen Gefäß oder im Smoothie-mixer. Wandeln Sie das Kräutersalz ganz nach Ihrem Geschmack mit Gartenkräutern ab, zum Beispiel Liebstöckel, Majoran, Thymian, Rosmarin, Petersilie, Salbei und andere.

Rosenessig

2 Handvoll	Rosenblütenblätter, rot und rosa, ungespritzt
1 l	Weißweinessig

Saubere, ungespritzte Rosenblütenblätter, die mindestens zwei Tage Sonnenwetter hatten, in ein Weithals-Glas locker einfüllen. Anschließend den Essig darübergießen. Das Glas für vier Wochen an einen hellen Ort stellen, dabei täglich einmal schwenken. Zum Schluss den Rosenessig durch ein Sieb abgießen und in eine schöne Flasche füllen. Schmeckt herrlich frisch und passt zu frischen Sommersalaten.

Tipp: Geben Sie drei Esslöffel Rosenessig in eine Schüssel und gießen Sie einen Liter Wasser darauf. Waschen Sie Gesicht und Oberkörper damit oder verwenden Sie die Mischung als Haarspülung. Das kühlt die Haut und erfrischt an heißen Sommertagen.

Kartoffeltaschen mit Bärlauchfüllung

Teig:

600 g	mehlig kochende Kartoffeln
300 g	Mehl
2	Eier
	Salz
	Pfeffer
	Muskat

Füllung:

200 g	Hüttenkäse
100 g	geriebener Bergkäse
50 g	Bärlauch

Außerdem:

1	Ei zum Bestreichen
20 g	Butter zum Braten
250 g	Tomaten
1	Zwiebel
20 g	Butter
	Salz
	Pfeffer
	Zucker
	Bärlauch zum Garnieren

Kartoffeln im Wasser zum Kochen bringen, circa 20 Minuten kochen lassen. Anschließend pellen und durch die Kartoffelpresse drücken.
Das Mehl mit den Eiern zu den Kartoffeln geben, würzen und zu einem kompakten Teig verarbeiten. Den Teig auf einer bemehlten Arbeitsfläche ½ Zentimeter dick ausrollen und Kreise von zehn Zentimeter Durchmesser ausstechen.
Für die Füllung den Hüttenkäse mit dem geriebenen Bergkäse und dem gehackten Bärlauch vermischen, mit Salz, Pfeffer und Muskat würzen.
Das Ei in einer Schüssel verschlagen, die Ränder der Teigkreise damit bestreichen, je einen Esslöffel der Füllung in die Mitte der Teigkreise geben, diese zu einer Tasche zusammenklappen und die Ränder leicht andrücken.
Taschen im kochenden Salzwasser circa vier Minuten blanchieren. Anschließend herausnehmen und abtropfen lassen.
Butter in einer Pfanne erhitzen und die Kartoffeltaschen darin goldgelb ausbacken.

Zwischenzeitlich die Zwiebel hacken, in Butter glasig dünsten, die in kleinere Würfel geschnittene Tomaten dazugeben, würzen mit Salz, Pfeffer, Zucker und ein paar Minuten köcheln lassen.
Anrichten: Das Tomatengemüse auf einen Teller geben und die Kartoffeltaschen darauf anrichten. Mit Bärlauch bestreuen.

Grüne Klöße

4 alte	Semmeln
450 ml	Milch
40 g	Butter
2 Tassen	pürierte Wildkräuter
1	Gelbe Rübe
1 TL	Salz
3	Eier
ca. 2 EL	(Vollkorn-) Mehl
	Pfeffer, Thymian

Als Wildkräuter eignen sich Giersch, Brennnesseln, Spitzwegerich, Gänseblümchen mit Rosette, Bärlauch, junges Scharbockskraut, Zitronenmelisse, Knoblauchsrauke ...
Die Semmeln in Scheiben schneiden und anschließend mit kochender Milch übergießen, dann zugedeckt ziehen lassen. Danach die Wildkräuter verlesen und fein schneiden.

Gelbe Rübe waschen und grob raspeln. Diese mit den Kräutern im Topf mit Butter andünsten, anschließend die Semmeln zugeben und rühren, bis sich die Masse als Kloß vom Topfboden löst. Danach etwas abkühlen lassen.
Reichlich Salzwasser aufsetzen. Dann nach und nach die Eier unter den Teig rühren und alles gut würzen. Die Masse ist richtig, wenn alles gerade so zusammenhält. Probeklößchen formen und in das kochende Wasser einlegen. Hält es zusammen, den Teig mit einem Esslöffel portionieren und zu Klößen formen. Anschließend alle ins kochende Wasser einlegen und dann nur noch ziehen lassen, bis die Klößchen oben schwimmen.

Tipp: Kleine Klößchen, die mit einem Teelöffel geformt werden, eignen sich als Suppeneinlage. Mit einem Esslöffel geformte Klöße sind als Hauptspeise, mit brauner Butter übergossen, eine Delikatesse. Reichen Sie dazu einen knackigen Salat.

Brennnessel- /Gierschknödel

Die Kartoffeln kochen, schälen und passieren. Brennnesselblätter oder Gierschblätter blanchieren, fein hacken und mit den Kartoffeln vermengen. Dann Eigelb, Brösel, Mehl, Petersilie und Knoblauch beimengen und die Masse gut durchmischen. Mit Salz und etwas Muskat würzen.
Danach das Eiweiß zu festem Schnee schlagen und nun unter die Masse heben.

Anschließend kleine Knödel formen und in Salzwasser kochen.
Dazu reichen wir Champignonsoße oder Tomatensoße und Salat.
Die Brennnesselknödel schmecken auch wunderbar mit Spitzwegerichblättern.

125 g	Kartoffeln
125 g	frische Brennnesselblätter oder frischer Giersch
1	Eigelb
50 g	Vollkornbrösel
20 g	Dinkelmehl
1 EL	Petersilie, gehackt
1	Knoblauchzehe, gehackt
	Salz
	Muskat
2	Eiweiß

Kartoffelküchle mit Brunnenkresse-Dip

1 kg	Kartoffeln, mehlig kochend
	Salz, Pfeffer, Muskat
50 g	Kürbiskerne
2	Zwiebeln
1	Knoblauchzehe
20 g	Butter
2 EL	Petersilie, gehackt
2	Eier
4 EL	Mehl
6 EL	Semmelbrösel
	Öl zum Braten

Brunnenkresse-Dip:

2 Bund	Brunnenkresse (ca. 300 g)
150 g	Crème fraîche
3 TL	Kürbiskernöl
	Salz
	Pfeffer

Kartoffeln mit Schale in kochendem Salzwasser 20 Minuten kochen. Kürbiskerne in einer Pfanne ohne Öl rösten. Abkühlen lassen. Kürbiskerne hacken. Zwiebeln und Knoblauch würfeln. Kartoffeln abgießen, ausdämpfen lassen, pellen, in eine Schüssel geben. Butter erhitzen, Zwiebeln und Knoblauch darin andünsten.
Mit Petersilie und den gehackten Kürbiskernen zu den Kartoffeln geben und nicht zu fein zerstampfen. Mit Salz, Pfeffer und Muskat abschmecken. Masse kurz ruhen lassen.
Brunnenkresse putzen, waschen und abtropfen lassen. Blätter abzupfen. Für den Brunnenkresse-Dip die Hälfte der Blätter im Mixer mit Crème fraîche und dem Kürbiskernöl pürieren, salzen, pfeffern.
Für die Kartoffelküchle die Eier verquirlen. Aus der Kartoffelmasse mit einem Eisportionierer Kugeln formen, flachdrücken, in Mehl wenden. Die Küchle durch das verquirlte Ei ziehen und rundherum in den Semmelbröseln wälzen. Öl in einer Pfanne erhitzen und die Küchle darin bei mittlerer Hitze von jeder Seite zwei Minuten goldbraun braten.
Restliche Brunnenkresseblätter mit den Küchle auf einer Platte anrichten. Küchle mit den restlichen Kürbiskernen bestreuen.
Mit dem Brunnenkresse-Dip servieren.

Spinatknödel

800 g	Blattspinat
½	Zwiebel
1	Knoblauchzehe
1 EL	Butter
300 g	altbackenes Graubrot, gewürfelt
	Salz
	Pfeffer
	Muskat
3	Eier
120 ml	Milch
100 g	Mehl

Spinat verlesen, in feine Streifen schneiden. Dann Zwiebel und Knoblauch schälen und würfeln. Im Topf in Butter andünsten, Spinat zugeben und drei Minuten mitdünsten. Brotwürfel zugeben, würzen. Danach Eier und Milch verquirlen und über die Spinat-Brotmasse geben. Das Mehl locker daruntermischen.

Einen Probeknödel garen und ggf. nochmals Mehl zugeben. Nun den Teig mit einem Löffel portionieren und zwölf Knödel formen. Zum Schluss die Knödel in reichlich kochendes Salzwasser einlegen und gar ziehen lassen.

Wildkräuter-Spätzle

250 g	frische Wildkräuter z.B. Giersch, Spitzwegerich, Brennnessel, Vogelmiere …	3	Eier Salz, Muskat reichlich Salzwasser
500 g	Mehl	30 g	Butter
200 ml	Milch		

Die Wildkräuter in kochendem Wasser blanchieren (einmal kurz aufkochen lassen), abseihen, kalt abschrecken und pürieren. Dann aus dem Püree und dem Mehl, Milch, Eiern und Salz einen Spätzleteig rühren.

Wasser zum Kochen bringen. Nun den Teig durch den Spätzlehobel ins Wasser hobeln. Einmal aufkochen lassen, dann mit dem Schaumlöffel aus dem Wasser nehmen und in ein grobes Sieb geben. Anschließend mit heißem Wasser abbrausen. In eine Schüssel füllen und mit etwas Butter mischen.

Wildkräuter-Spätzle passen als Beilage zu Fleisch oder als Hauptspeise zu einem pikanten Frühlingssalat.

Bärlauchspätzle auf Schafskäsesoße

125 ml	Wasser	1	Knoblauchzehe
300 g	Bärlauch	20 g	Butter
50 g	Butter	100 ml	Weißwein
500 g	Mehl	400 ml	Schlagrahm
10 g	Maisstärke		Salbei
400 g	fester Schafskäse		Rosmarin
2	Zwiebeln		

Das Wasser mit Bärlauch (eventuell Spinat) und zerlassener Butter in einer Schüssel mischen. Dann alles mit dem Mehl und der Maisstärke vermengen. Fünf Minuten stehen lassen, danach durch ein Spätzlesieb in kochendes Wasser einhobeln.

Für die Soße festen weißen Schafskäse zerbröseln. Zwiebeln und Knoblauch schälen und fein hacken und in etwas Butter im Topf anschwitzen. Mit Weißwein und Schlagrahm aufgießen. Dann einige Blätter gehackten frischen Salbei und Rosmarin zugeben. Alles fünf Minuten auf kleiner Flamme köcheln lassen.
Zerbröckelten Schafskäse zugeben und verrühren. Nochmals aufkochen und mit einem Stabmixer mixen. Wenn nötig, mit Salz abschmecken.
Danach auf den Teller geben und die gekochten Spätzle darauf anrichten.

Sollten Sie noch keinen Bärlauch im Wald finden, können Sie dieses Rezept auch mit Blattspinat machen. Nehmen Sie dann einfach mehr Knoblauch für die Soße.

Bandnudeln mit Wildkräuterpesto

300 g	breite Bandnudeln
2 l	Wasser
1 EL	Salz

Wildkräuterpesto:

150 g	gemischte Wildkräuter (z.B. Knoblauchrauke, Giersch, Brennnesseln, Spitzwegerich, wenig junge Löwenzahnblätter, Brunnenkresse, Gänseblümchen mit Blättern, Pimpinelle)
50 g	Sesamsaat
10 g	Salz
200 ml	Olivenöl
50 g	getrocknete Tomaten

Wildkräuter verlesen und Stiele entfernen. Sesam ohne Fett in der Pfanne leicht rösten, in eine Schüssel geben und mit Salz und Olivenöl verrühren. Die Wildkräuter sehr fein schneiden bzw. hacken. Dann mit der Öl-Salz-Sesam-Mischung vermischen.
Pesto in saubere Twist-off-Gläser füllen, Oberfläche glatt streichen und Ränder gut säubern; mit einer dünnen Ölschicht versiegeln.

Reichlich Wasser im Topf zum Kochen bringen. Bandnudeln zugeben und bei kleiner Hitze gar kochen. Durch ein großes Sieb abseihen. Anschließend die Tomaten fein schneiden und zusammen mit drei Esslöffeln Wildkräuterpesto unter die Nudeln mischen. Anrichten und zusammen mit einem Frühlingssalat genießen.

Das konzentrierte Wildkräuterpesto hält kühl und dunkel gelagert drei Monate. Es eignet sich zum Würzen von Salatmarinaden, Gemüsegerichten, Quark und Spaghetti; aber auch als Brotaufstrich.

Gefülltes Giersch-Omelett

300 g	Champignons
3	Zwiebeln
3 EL	Butter
	Salz, Paprika
1 Handvoll	Giersch
	etwas Sahne

Fülle:
Die Pilze putzen und blättrig schneiden, mit den fein geschnittenen Zwiebeln und dem Giersch in etwas Butter dünsten; mit Sahne aufgießen; pikant abschmecken.

8	Eier
4 EL	Giersch
4 EL	Mehl
4 EL	Milch
	Salz

Die Eier mit Gewürzen, Mehl und Milch verquirlen, dann in eine gefettete heiße Pfanne geben und mit dem Holzwender etwas zusammenschieben (dadurch bleibt das Omelett saftig).
Wenn die Masse zu stocken beginnt, auf die Hälfte des Omeletts die Fülle geben und den Deckel auflegen. Omelett zusammenklappen und servieren.

Kerbel-Kartoffeln

1 kg	kleinere Kartoffeln	1 Bd.	Kerbel
500 ml	Wasser	2 EL	Rapsöl
1 EL	Salz		

Kartoffeln waschen, als Pellkartoffeln (in der Schale) im geschlossenen Topf mit Wasser circa 30 Minuten (Schnellkochtopf circa 15 Minuten) kochen. Kerbel fein wiegen, mit Öl vermischen.
Die Kartoffeln abgießen, evtl. schälen und noch heiß mit dem Kerbel vermengen.

Dieses Rezept kann nach Belieben mit verschiedenen Kräutern zubereitet werden.

Kartoffelwähe mit Gutem Heinrich

300 g	Kartoffeln
300 g	Guter Heinrich (Spitzen und junge Blätter im Frühjahr)
4	Freiland-Eier
2 EL	Sherry oder Allgäuer Milch
1 TL	Allgäuer Wildkräuter-Salz
1 TL	Paprika, edelsüß
	wenig geriebene Muskatnuss
1	Knoblauchzehe
2 EL	Olivenöl

Kartoffeln waschen und im Schnellkochtopf garen. Noch warm schälen und in Scheiben schneiden.
Guten Heinrich drei Minuten mit wenig Wasser kochen, bis er zusammenfällt, abgießen und abkühlen lassen.

Die Eier mit Sherry oder Milch und den Gewürzen mischen. Kartoffeln und Guten Heinrich unterheben.
Öl in eine beschichtete Pfanne geben und erhitzen.
Die Masse in der Pfanne auf kleinem Feuer zugedeckt langsam stocken lassen. Mithilfe eines flachen Tellers wenden und auf der zweiten Seite garen.

Tipp: Die Kartoffelwähe kann auch im Ofen gebacken werden. Geben Sie die Masse dazu in eine Wähen- oder Auflaufform und backen Sie sie bei 180° C etwa 30 Minuten im Backofen.

Gefüllte Kohlrabischnitzel

2	Kohlrabi	5 EL	Mehl
1,5 l	Gemüsebrühe	2	Eier
	Bergkäse, mittelalt, in Scheiben		Semmelbrösel
			Fett zum Braten

Die Kohlrabi schälen, in circa ½ cm dicke Scheiben schneiden, danach in kochender Gemüsebrühe bissfest kochen. In noch warmem Zustand die Kohlrabischeiben mit einer Käsescheibe belegen und eine zweite Scheibe Kohlrabi als Deckel darauflegen. Dann wie ein Schnitzel panieren. Dazu die Schnitzel zuerst in Mehl wenden und dann braten. Kartoffelpüree und ein grüner Salat schmecken dazu ganz besonders gut.

Gefüllte Kohlrabi in grüner Soße

4	Kohlrabi, mittelgroß

Fülle:

250 g	Grünkernschrot, grob
1	Zwiebel
550 ml	Gemüsebrühe
	Salz, Pfeffer, Muskat
	reichlich Wildkräuter:
	Bärlauch, Giersch, Brennnessel, Schafgarbe ...
50 g	Emmentaler, gerieben
1/8 l	Brühe

Grüne Soße:

20 g	Butter
30 g	Mehl
½	Zwiebel
2 EL	Milch
350 ml	Wasser
	reichlich Kräuter und Wildkräuter:
	Schnittlauch, Petersilie, Kerbel, Basilikum, Giersch ...

Die Kohlrabi schälen, in Salzwasser blanchieren, Kappe abschneiden und aushöhlen. Dann Zwiebel fein schneiden. Kohlrabifleisch würfeln. Die Wildkräuter verlesen und fein schneiden. Danach Grünkern im Topf anrösten, Zwiebelwürfel zugeben, kurz umrühren, mit Gemüsebrühe aufgießen, etwas würzen und den Grünkern circa zehn Minuten garen. Zerkleinertes Kohlrabifleisch und klein geschnittene Kräuter untermischen und würzig abschmecken.
Die Fülle in die Kohlrabi geben. Kappe aufsetzen, geriebenen Käse daraufstreuen. Anschließend in einem flachen Topf mit wenig Öl andünsten, mit etwas Brühe aufgießen und etwa 30 bis 40 Minuten dünsten.
Mit der Kräutersoße servieren.

Grüne Soße:
Butter im Topf erhitzen, Zwiebel fein würfeln und in der Butter andünsten. Danach Mehl zugeben und leicht anschwitzen. Mit Wasser und Milch aufgießen und schnell verrühren. Zehn Minuten garen. Anschließend Wildkräuter verlesen und fein schneiden. Am Ende der Garzeit die Wildkräuter zugeben und die Soße würzen, nicht mehr kochen. Jetzt alles pürieren und sofort zu Tisch geben, damit die wertvollen Vitalstoffe erhalten bleiben.

150 g	Dinkelschrot
300 ml	Gemüsebrühe
2	Zwiebeln, fein gehackt,
	Butter
1 gr.	Ei
250 g	Brennnesseln, jung
	Sonnenblumenkerne
	Muskatnuss, gemahlen
	Salz, weißer Pfeffer
500 g	Magerquark
150 g	Naturjoghurt 3,5 %
1	Salatgurke
2 Bund	Bärlauch oder Brunnenkresse
ggf. 2	Knoblauchzehen,
	fein gehackt

Brennnessel-Schnitzel mit "Bärziki"

Den Dinkelschrot in Gemüsebrühe aufkochen und circa 15 Minuten ausquellen lassen. Inzwischen die Brennnesseln und Zwiebeln fein schneiden. Die Zwiebeln im Topf in Butter andünsten, die Brennnesseln kurz mitdünsten. Das Ei zugeben, dann alles gut vermischen und kräftig würzen.
Ist die Masse zu weich, eventuell Semmelbrösel zugeben.

Die Masse mit einem Schöpflöffel portionieren und Küchlein formen. Diese danach in Sonnenblumenkernen wenden und in Butter in der Pfanne bei mittlerer Hitze herausbacken.

Bärziki: Den Quark mit Joghurt glatt rühren. Danach die Salatgurke grob raspeln und zugeben. Anschließend die fein geschnittenen Kräuter mit den Gewürzen hinzufügen. Zum Schluss alles gut durchmischen. Mindestens eine Stunde durchziehen lassen.

Bärige Frühlingsrolle

500 g	TK-Blätterteig
3	Zwiebeln
200 g	geriebener Käse
30 g	Butter
6 Tassen	Bärlauch
	Salz
	Pfeffer
	Oregano
1	Eigelb

Den Blätterteig nach Anleitung auftauen lassen. Danach Bärlauch verlesen.

Bärlauchfülle: Zwiebeln fein würfeln, Bärlauch in feine Streifen schneiden. Dann Zwiebeln in Butter glasig dünsten, Bärlauch zugeben und abschmecken.

Den Blätterteig auswellen und in Rechtecke schneiden. Bärlauchfülle daraufgeben, Käse darüberstreuen, aufrollen und mit Eigelb bestreichen.
Anschließend den Blätterteig auf einem mit kaltem Wasser abgespülten Backblech bei 200° C circa 20 Minuten backen.

Brennnessel-Auflauf

500 g	Brennnessel, junge Blätter oder Spinat
30 g	Butter
1	Zwiebel
1	Knoblauchzehe
3	Eier
250 g	Crème fraîche
300 g	Kartoffeln, gekocht
150 g	Bergkäse, gerieben
	Salz
	Pfeffer
	Butter zum Einfetten

Die abgezupften Brennnesselblätter oder Spinatblätter kurz im kochenden Salzwasser blanchieren. Anschließend fein hacken.
Zwiebel und Knoblauch würfeln und in Butter glasig dünsten. Anschließend die Brennnessel unterrühren, salzen und pfeffern. Die gekochten, abgekühlten Kartoffeln schälen und in feine Scheiben schneiden.

Eine Auflaufform ausbuttern und mit der Hälfte der blättrig geschnittenen Kartoffeln auslegen, darauf die Brennnesselmasse und die zweite Hälfte der Kartoffel schichten. Die Eier mit Crème fraîche verrühren und den geriebenen Käse unterrühren. Diese Masse auf das Kartoffel-Brennnessel-Gemisch gießen.

Bei 200° C circa 30 Minuten backen.

Spinatschnecken

300 g	frischer Spinat oder TK- Spinat
150 ml	Wasser
500 g	Vollkornmehl
40 g	Frischhefe
50 g	Butter
1	Ei
½ TL	Jodsalz
300 g	Emmentaler
1 Bd.	Majoran, frisch

Spinat verlesen, waschen, fein schneiden und kurz in wenig Wasser dünsten. In einen Messbecher füllen und mit kaltem Wasser auf 350 ml Menge auffüllen.
Danach Mehl, zerbröckelte Hefe, Butter, Ei, Spinatmasse und Salz zu einem geschmeidigen Teig verkneten. An einem warmen Ort gehen lassen.
Nun den Teig zu einem Rechteck (30 x 40 cm) ausrollen.

Den Käse reiben und mit dem fein geschnittenen Majoran vermischt auf dem Teig verteilen. Anschließend von der breiten Seite her aufrollen und mit einem Messer in drei Zentimeter breite Scheiben schneiden. Zum Schluss diese auf ein vorbereitetes Blech legen und bei 180° C 20 Minuten backen.

Bärenklauknospen in Backteig

250 g	Mehl	3	Eier
1 TL	Backpulver	2 Handvoll	Bärenklauknospen
½ TL	Kräutersalz	ca. 600 g	Pflanzenfett
100 ml	Milch		Küchenkrepp

Aus Mehl, Backpulver, Eiern, Milch und Salz einen dickflüssigen Teig herstellen. Etwa zehn Minuten ruhen lassen. Anschließend werden die frischen Bärenklauknospen in den Backteig getaucht und im schwimmenden Fett hellbraun ausgebacken.

Zum Schluss auf dem Küchenkrepp abtropfen lassen.

200 g	Mehl	30 g	Minzeblätter
1	Ei	100 g	Schlagsahne
100 g	kalte Butter	2	Eier
	Salz	50 g	geriebener Bergkäse
	Pfeffer		Salz
			Pfeffer
300 g	gemischte Wildkräuter oder Bärlauch		Butter für die Form

Wildkräuter-Tarte

Aus Mehl, Ei, kalter Butter sowie Salz und Pfeffer einen festen Teig kneten. Etwa zehn Minuten kalt ruhen lassen.
Den Teig auf einer bemehlten Fläche auswellen und eine gefettete Tarteform damit auskleiden.

Die Wildkräuter und die Minze verlesen und fein hacken. Auf dem Teig verteilen.
Schlagsahne, Eier, Salz, Pfeffer und geriebenen Käse in einer Schüssel vermengen. Die Masse über die Kräuter verteilen.

Die Tarte im Ofen bei 200° C etwa 30 Minuten backen. Danach aus dem Ofen nehmen und aus der Form lösen, in Stücke schneiden und anrichten.

Holderküchle ohne Milch

250 g	(Dinkel)Mehl		
3	Eier		
1 Prise	Salz	ca. 250 g	Sonnenblumenöl oder Pflanzenfett
1 TL	Zucker		Puderzucker
ca. ½ l	Apfelsaft		Zimt
ca. 15 - 20	schöne Holunderblüten-Dolden		Küchenkrepp

Schöne Holunderblüten ernten und etwas im Schatten liegen lassen, damit kleine Tierchen flüchten können.
Eier trennen. Eiweiß zu Eischnee schlagen. Eigelb, Mehl, Apfelsaft, Salz und Zucker mit dem Handrührgerät (Schneebesen) zu einem dickflüssigen Backteig rühren. Zuletzt den Eischnee unterheben.
Reichlich Öl oder Pflanzenfett (circa 2 cm hoch) in einer Pfanne auf circa 170° C erhitzen. (Hitzeprobe mit einem Holzkochlöffelstiel)
Die Holdunderblüten am Stiel nehmen, in den Backteig tauchen und goldgelb rausbacken. Zuletzt auf einem Küchenkrepp abtropfen lassen. Puderzucker mit Zimt verfeinern und die Küchle damit bestäuben.
Eine Allgäuer Nachspeise im Juni, aus den Schätzen der Natur. Kann auch am Lagerfeuer in einer Pfanne zubereitet werden.

Panna Cotta mit Duftveilchensirup

Für den Sirup:		Für die Panna Cotta:	
50 g	frische Duftveilchenblüten	500 ml	Rahm
150 ml	Weißwein oder Apfelsaft	½ TL	Agar Agar
300 ml	kaltes Wasser	3 EL	Allgäuer Waldhonig
1 EL	weißer Zucker	1 Msp.	Vanillepulver
1 Prise	Salz	1 Handvoll	Duftveilchenblüten
500 g	Zucker		
	Saft von 1 Zitrone		

Die Veilchen locker in ein dunkles Schraubglas geben, mit dem Weißwein, einem Esslöffel Zucker, dem Wasser und der Prise Salz auffüllen und umrühren, ganz dunkel stellen, damit kein Licht hinzukommt, und circa fünf Tage kühl stehen lassen. Ab und zu umrühren. Die Blüten abseihen und durch ein Sieb pressen.

Danach Zucker zugeben und einmal aufkochen.
Den Zitronensaft zuletzt unterrühren und den Sirup noch kochend heiß in eine dunkle Flasche füllen.

Für die Panna Cotta Rahm, Agar-Agar, Allgäuer Waldhonig, Vanillepulver und die Duftveilchenblüten in einem hohen Topf unter Rühren zum Kochen bringen und circa fünf Minuten auf kleiner Flamme weiterkochen lassen. In Portionsförmchen geben und mit Klarsichtfolie zudecken. Mehrere Stunden im Kühlschrank fest werden lassen.
Nun die Creme mit einem spitzen Messer aus den Förmchen lösen und auf einen Teller stürzen. Den Sirup dazu reichen und mit ein paar Veilchenblüten dekorieren.

Wilder Hugo

1 Flasche	Prosecco
1	Limette
versch.	Blüten und Wildkräuter wie Giersch, Gundermann, Veilchenblüten, Gänseblümchen, Schlüsselblümchen …
2 EL	Sirup (Holunderblüten-), nach Belieben
	Eis, gewürfelt

Die Limette in vier Scheiben schneiden. Holdersirup, Limette und Kräuter in vier Sektgläser geben. Anschließend mit Prosecco und Eiswürfeln auffüllen.

Waldmeister-Götterspeise

ca. 30	Zweige Waldmeister
16 g	Agar-Agar
800 ml	Apfelsaft
1 TL	Vanillezucker

Den Waldmeister verlesen und anwelken lassen. Anschließend fein hacken. Apfelsaft mit Agar-Agar in einen Topf geben und verrühren. Waldmeister zugeben, erhitzen, etwa zwei Minuten kochen lassen und noch 20 Minuten zugedeckt ziehen lassen. Zuletzt den Vanillezucker zugeben. Die Waldmeister-Götterspeise in kleine Dessertschalen oder Gläser füllen, abkühlen lassen und bis zum Servieren in den Kühlschrank stellen. Tipp: Wenn der Wackelpudding gestürzt werden soll, die Wassermenge um circa 100 ml reduzieren.

Der besondere Tipp für die Nacht zum 1. Mai

Maibowle für Verliebte

20–30	Zweige Waldmeister
750 ml	trockener Weißwein
500 ml	Wasser
2–3 EL	Honig
1 Flasche	Sekt

Einen Bund nicht blühenden Waldmeister verlesen. Den Waldmeister (über Nacht) anwelken lassen. Nun das Sträußchen kopfüber in eine Karaffe hängen, mit Wein aufgießen und circa zwei Stunden darin an einem kühlen Ort ziehen lassen. Honig in etwas heißem Wasser auflösen und mit dem angesetzten Wein vermischen. Jetzt noch eine Flasche gekühlten Sekt dazugeben und die Bowle genießen.

Bohnenkraut

Bohnen bekommen erst einen pfiffigen und intensiven Geschmack, wenn beim Zubereiten ein Zweig Bohnenkraut mitgekocht wird. Wir können zwischen der **einjährigen, etwas frostempfindlichen Gartenpflanze** und der **winterharten, mehrjährigen Staude** wählen, die beide zur Familie der Lippenblütler gehören. Geschmacklich ist das einjährige Bohnenkraut zwar etwas feiner, doch auch die winterharte Sorte enthält ätherische Öle, Thymiol und Gerbstoffe.

Verwenden Sie Bohnenkraut reichlich auch als **Pfefferersatz**, denn die alte Bezeichnung dieses hübschen Sommerblühers ist „Pfefferkraut" oder „Josefle", und es macht seinem Namen alle Ehre. Herbstliche Eintöpfe und sommerliches Grillgut erhalten damit eine würzig-pfeffrige Note.

Bohnenkraut lässt sich an **einem sonnigen Sommertag in der Blüte schneiden**, um gebündelt als Gewürz zu trocknen, in der Vase mit anderen Sommerblühern die Wohnung zu zieren oder an Maria Himmelfahrt im Kräuterboschen seine Wirkung zu entfalten.

Im Steingarten fühlt sich das Bohnenkraut selbst an sehr sonnigen, trockenen Plätzen sehr wohl und **Bienen und Hummeln** erfreuen sich jedes Jahr an seinen zart-rosa Blüten. Über viele Wochen summt es ums Bohnenkraut herum, und schön anzusehen ist es außerdem.

Bohnen

Gerade im Sommer, wenn heiße Tage und laue Nächte uns das Leben versüßen, ist leichte Kost das Richtige für uns. Bohnen in vielerlei Variationen sind da genau das Richtige. Frisch von der Stange als **Stangenbohnen** oder als gedrungen wachsende **Buschbohne** liefern sie uns **leicht verdauliche Energie**. Schmetterlingsblütler sind sie, die im Garten neben ihrem schnellen Wachsen und Reifen sogar noch mit ihren Knöllchenbakterien Nährstoffe für ihre Nachfolger liefern.

Während in südlichen Ländern Bohnen zum täglichen Grundnahrungsmittel gehören, findet man sie immer weniger auf deutschen Esstischen.

Diese alte Nutzpflanze mit ihren **proteinreichen Früchten oder Schoten** hat eine Renaissance im Garten und im täglichen Essen verdient. Es gibt grüne, gelbe, blauhülsige, ovale, flache oder breite Sorten. Bei den zarten Prinzessbohnen müssen wir bei den frischen Schoten nur die Enden abschneiden, waschen und sie in einer Gemüsepfanne oder in einem Eintopf kurz mitgaren. Sind die Früchte **ausgereift**, so sind die kleinen Kugeln **aus den Hülsen herauszupulen** und mitzugaren. Im Kühlschrank in einer luftdichten Dose halten frische Bohnen etwa zwei bis drei Tage.

Getrocknet sind **Bohnenkerne** lange haltbar und ein nahrhafter **Vorrat für den Winter**. Um sie schmackhaft ins Essen geben zu können, müssen die Bohnenkerne über Nacht in Wasser eingeweicht werden. Dieser Prozess unterstützt gleichzeitig, dass die blähenden Zuckerstoffe etwas ausgewaschen werden. „Jedes Böhnchen eine Tönchen", so der Volksmund. Würzen Sie Ihre Bohnen mit reichlich Bohnenkraut, Kümmel und Fenchel als Verdauungshilfe.

Besonders **Vegetarier** und **Veganer** profitieren von den wertvollen Inhaltstoffen. Bohnen enthalten bis zu **20% an hochwertigem Eiweiß, viele Vitamine**, unter anderem Vitamin B1, B2 und B6. Außerdem Kalium, Phosphor, Magnesium, Eisen und Saponine, die entwässernd wirken. Wer regelmäßig Bohnen als Brotaufstrich, Salat oder im Eintopf isst, wird mit **gesunder Haut und schönen Haaren** belohnt. Darüber hinaus sind frische Bohnen die wahren **Schlankmacher**, da 100 g nur 35 kcal enthalten (die getrockneten haben ca. 350 kcal).

Erbsen

Erbsen kennen wir als **Markerbsen** (eckig, süßlich), **Palerbsen** (rund, glatt, leicht mehlig) und **Zuckererbsen**. Letztere haben keine Pergamentschicht in der Hülse, daher isst man sie immer im Ganzen. Als Schwester der Bohne kann auch die Erbse als Schote im zarten Alter verspeist werden. Aber wie die Bohne, bitte nicht roh. Der Inhaltsstoff Phasin verhindert die Aufnahme wichtiger Eiweißstoffe im Körper. Dieser wird beim Garen schnell abgebaut.

Erbsen wachsen in jedem Gartenbeet leicht und unkompliziert, wenn sie ab Mai ausgesät werden. Hat man zu viel der wahren Pracht, so sind sie **eingefroren lange haltbar** und bleiben knackig frisch. Ihre **frische grüne Farbe behalten** sie dann, wenn sie **kurz in kochendem Wasser blanchiert** und anschließend in **Eiswasser abgeschreckt** werden. Kochen Sie die Schoten der ausgepulten Erbsen mit, damit die wertvollen Inhaltsstoffe im Erbsengemüse erhalten bleiben.

Im Gegensatz zu ihrer Schwester fehlen der Erbse einige wichtige Eiweißbausteine. In Kombination mit Getreide, wie z.B. Nudeln, aber ergänzt sie sich harmonisch. Von besonderem Wert ist der Gehalt an **Vitamin B1**, welches für **gute Nerven** und eine **stabile Stimmung** verantwortlich ist. Das außerordentlich fettarme Gemüse versorgt zudem den Körper mit den Vitaminen A, B2, C, E und Folsäure sowie mit Kalzium, Kalium, Magnesium, Jod und Zink. Beide Schmetterlingsblütler, Bohne und Erbse, unterstützen eine **gesunde Darmflora**. Erbsen schmecken wunderbar auf einer Pizza, in Gemüsesoßen, in Pfannkuchenfüllungen, zu Spargel, als wärmende Suppe oder im sommerlichen Gemüsesalat. Unsere Erbsensuppe auf S. 55 ist der Hit und einfach zu kochen.

Heidelbeere

Die Heidelbeere gehört zur Familie der Heidekrautgewächse. Sie ist ein einheimischer Zwergstrauch, der **auf saurem Waldboden, Heide oder Moor wächst**.

Die Beeren sind im gereiften Zustand (Juli) dunkelblau mit gleichfarbigem Saft und heller bereift. **Der Saft färbt** beim Pflücken unsere Hände und beim Verzehr Mund und Lippen **blau**.

Viele unserer heimischen Sträucher und Bäume sind wegen ihrer gesundheitsfördernden Wirkung seit jeher ein **traditionelles Heilmittel**. So auch die Heidelbeere. Getrocknete Beeren dienen als Mittel **gegen Durchfall**, gepresster Beerensaft hilft gegen Zahnfleischbluten und bei Entzündungen in Mund und Rachen.

Auch mit **reichlich Vitalstoffen** wartet die Heidelbeere auf. Neben den Vitaminen C, B, A und Mineralstoffen wie Kalium, Eisen und Mangan sowie Ballaststoffen in den Beeren finden wir auch Gerbstoffe in den Blättern.

Genießen Sie Heidelbeeren frisch zu Pfannkuchen oder gekocht in einer Wildbeerensoße, als Auflauf, Kompott, Marmelade oder als Saft und Wein. Auch als **Tee und in Teemischungen** finden Blaubeeren immer wieder gerne Verwendung.

Johannisbeeren rot und weiß

Die **vogelsicheren** Beeren gehören zu den ergiebigsten Frühsommer-Früchten aus dem heimischen Garten. Oft werden sie aber zu wenig geschätzt. Ihr feinsäuerlicher Geschmack passt auf viele Kuchen und in Tortenfüllungen, in Gelees, Saft und Nachspeisen. Ihre Inhaltsstoffe wie Apfel-, Zitronen- und Weinsäure, Pektin, sowie Vitamine und viele Mineralstoffe beschenken uns mit einer **gesunden Verdauung und wahrem Tatendrang**.

Unkompliziert und langlebig bis in hohe Lagen wächst die Johannisbeere in den Gärten. Sie gehört zu den **robustesten Pflanzen** im Garten. Ein besonderer Vorteil ist, dass die Schnecken sie verschonen. Nur Vögeln schmecken diese roten Beeren genauso gut wie uns Menschen.

Ob roh ins Müsli, getrocknet als gesundes Naschwerk oder gekocht zu Saft, Konfitüre, Gelee, Wein oder Likör - Johannisbeeren **versorgen uns den ganzen Winter mit frischem Rot**. Werden sie sofort zu einem Brotaufstrich verarbeitet, können sie ohne Rispe abgeerntet werden. Für längere Lagerfähigkeit ist es besser, sie mit der Traube zu ernten. Probieren Sie Johannisbeeren zu Wild und Camembert - eine meisterliche Ergänzung für den Gaumen.

Schwarze Gartenjohannisbeere

Die Schwarze Johannisbeere ist schnell zu erkennen, wenn man an einem Blatt reibt. Ihr Duft ist eindeutig. Sie wächst größer und eignet sich daher gut als **Sichtschutzhecke** mit Mehrwert. Von ihr können im **Frühjahr Blätter für Tee** geerntet und getrocknet werden. Als Brotaufstrich, allein oder in Mischung mit Erdbeeren, lässt sich ein weiterer Unterschied zur roten Johannisbeere erkennen: Sie enthält größere Mengen Pektin als ihre rote Verwandte. **Vitamin C**, Mineral- und Ballaststoffe **nähren und stärken uns gerade im Frühsommer**.

Eingefroren und somit **bevorratet**, sind Johannisbeeren ein häufiger Gast auf dem Mittagstisch: als Auflauf, als Cassis-Soße, gekocht oder roh, zu Strudel oder Topfenküchle. Ob in Konfitüren, Gelee, Säften oder in Nachspeisen - schwarze Johannisbeeren machen immer eine gute Figur.

Kapuzinerkresse

Die **einjährige, wärmebedürftige Kultur- und Blütenpflanze** gehört zur Familie der Kapuzinergewächse. Kapuzinerkresse sollte **nicht vor den Eisheiligen** (15. Mai) ausgesät werden. An einem schönen Platz im Garten, gerne an einer Steinmauer mit guter humoser Erde an der Wurzel, gedeiht sie den ganzen Sommer bis in den Herbst hinein, bis ihr die ersten kalten Nächte den Garaus bereiten. Ihre Inhaltsstoffe machen sie zu einer besonderen Blume und Heilpflanze. Schwefel, Vitamine und antibiotische Substanzen verleihen ihr einen **scharfen Geschmack** und eine **Heilwirkung**, die dem Meerrettich ähnelt. Kapuzinerkresseblüten und -samen können **in Essig eingelegt** werden, passen zu Salaten, aufs Butterbrot und zu pikantem Quark. Die Blüten eignen sich auch zum Dekorieren von Suppen, Salaten und kalten Platten, denen sie einen farbenfrohen Leuchtpunkt verleihen. Essen Sie hin und wieder einmal im Vorübergehen eine Blüte oder naschen Sie einen grünen Samen. Sie werden merken, dass Sie seltener Infektionen bekommen. **Bei Blasenentzündung** ist mit Wasser verdünnter Kapuzinerkresse-Essig ein **altbewährtes Haus- und Heilmittel**.

Pflaume, Zwetschge

Mirabelle

Reneklode

Kirschpflaume

Unsere heimischen Früchte, die uns **den Sommer über** und **bis in den Herbst** mit fruchtigem Aroma verwöhnen, sind in der Allgäuer Küche traditionell verankert. Kennen Sie Zwetschgenknödel und -datschi, Mirabellenmarmelade, Reneklodenkompott zu Grießschnitten oder den feinen roten Fruchtsaft, wenn alle vollreifen Früchte gemischt werden? Am besten schmecken sie roh im Obstsalat oder in einem Vitaltrunk (Smoothie). Lohnen würde sich auch die Mühe, die Früchte zu entsteinen und zu trocknen. Als **Trockenfrüchte** liefern sie uns den ganzen Winter über **eine leicht süße, gesunde Alternative zu anderen Naschereien** und machen richtig satt.

Im Allgäu sind die Zwetschgen am gebräuchlichsten, da sie sich mit einfachsten Bodenverhältnissen zufriedengeben.

Zwetschgen sind saftig, aromatisch und haben eine **unten spitz zulaufende Form**. **Pflaumen** gibt es in **rötlichen, gelben oder blauen Farbtönen**. Sie sind weich, rund, saftig und größer als Zwetschgen. **Renekloden** sind rund und gelb-grün. Sie schmecken feinsäuerlich und haben ein helles, weiches Fruchtfleisch. Die **sattgelben, kleineren Mirabellen** schmecken sehr süß. Auf ihrer Sonnenseite sind sie rot angehaucht. Eine Besonderheit sind **Kirschpflaumen**, die etwas größer als die runden Kirschen sind, allerdings geschmacklich den Pflaumen ähneln. Leider halten sie nicht lange und müssen innerhalb von zwei Tagen verwertet werden. Möchten Sie ein Bäumchen in Ihren Garten pflanzen? Dann achten Sie auf eine Sorte, die sich gut vom Stein löst.

Pilze/Champignons

Pilze zersetzen sich wegen ihres hohen Eiweißgehaltes sehr schnell. Deshalb **auf Frische achten**. Nehmen Sie die Pilze genau unter die Lupe: Sind die Röhren der Steinpilze noch fest oder schon etwas schwabbelig? Sind die Lamellen der Champignons noch rosa oder bereits dunkelbraun? Machen Sie eine **Geruchsprobe**! **Aufbewahren**: Pilze sollten noch am Tag des Sammelns oder des Kaufs verwertet werden. Das ist nicht immer möglich. Für das Aufbewahren gilt: Ungeputzte Pilze können auf einem mit Pergamentpapier o.a. ausgelegten flachen Behälter (z.B. Tablett) - locker nebeneinander gelegt - bis zum nächsten Tag an einem kühlen, luftigen, trockenen Ort (z.B. Keller) aufbewahrt werden. Geputzte und geschnittene Pilze halten an so einem Ort oder im Kühlschrank (die Temperatur sollte nicht zu tief sein) etwa zwei, höchstens drei Tage.

Putzen: Für den Pilzsucher macht sich jetzt die **Grobreinigung** seiner Beute **im Wald** sicher bezahlt: Große Mengen Abfall dürften nun nicht mehr anfallen. Apropos Abfall: Er wird auf einer alten Zeitung gesammelt und dem Komposthaufen zugeführt. Die Pilze werden mit dem Haushaltstuch abgerieben und mit dem Pinsel oder der Bürste sanft bearbeitet. Sie können auch mit dem Messer leicht abgeschabt werden. Schmierige und allzu trockene Huthäute werden abgezogen. Zähe, harte oder faserige Stiele sondert man aus.

Beim Pilzesuchen ist absolute Vorsicht geboten: In den Kochtopf kommen nur die Exemplare, bei denen Sie sich zu 100% sicher sind.

Mit **Pilzzuchtkulturen** können Sie ganz einfach das ganze Jahr über Champignons züchten und ernten.

Sellerie Staudensellerie

Geschmacklich erinnern die grünen Stangen, die es bereits im Sommer zu kaufen gibt, an Sellerie. Und tatsächlich ist der **Staudensellerie** eine **Variante des echten Selleries**. Der Staudensellerie, auch Bleich-, Stiel- oder Stangensellerie genannt, hat lange, fleischige Blattstiele und eine kleine Wurzelknolle.
Zum Kochen geeignet sind aber nur die **Stiele**, roh im Vitaltrunk püriert können aber auch die jungen Blätter verwendet werden. Als Gewürze geben Senf, Kreuzkümmel, frischer grüner Pfeffer und Curry den grünen Stangen erst den richtigen Pfiff, ohne das Aroma zu verfälschen. Die **Frische** der Stangen erkennen Sie an ihrer **hellgrünen Farbe** und wenn Sie die Stangen **biegen**. Sind sie überaltert, dann überbiegen sie sich, ohne zu brechen. Nach den Waschen müssen die zarten Stangen nur in dickere Scheiben geschnitten werden und schmecken gedünstet oder scharf angebraten als Gemüse oder in Kombination mit Zwiebel, Paprika oder Mairübchen. Roh gegessen mit einem feinen Dip schmeckt der Staudensellerie besonders würzig, knackig und frisch. Obwohl Sellerie schon seit dem Mittelalter in Europa heimisch ist, wartet der Doldenblütler noch auf seine große Entdeckung. Dabei ist Staudensellerie wirklich eine Entdeckung wert, gehört er doch zu den **Gemüsen mit den geringsten Kalorien**: nur 15 kcal. pro 100 g bringt er auf die Waage. Aber er besitzt **wichtige Vitamine** und **Mineralstoffe** wie Kalium, Natrium, Magnesium und Kalzium sowie wichtige sekundäre Pflanzenstoffe, die sich **positiv auf den gesamten Stoffwechsel** auswirken.

Knollensellerie

Bereits im Mittelalter wurde der Knollensellerie hoch verehrt, da die Bevölkerung an seine **aphrodisierende Wirkung** glaubte. Meist kennen wir ihn heute als Dreingabe zu Eintöpfen, Braten und in Suppen beim sogenannten Wurzelwerk. Gibt er doch mit Lauch und Zwiebel der Speise erst den vollen Geschmack. Die große naturbraune Knolle kann im heimischen Beet leicht gepflanzt werden und ist dankbar für **zwei Salzwassergaben im Sommer**, damit sie groß und stark werden kann.

Wiesen-Bärenklau

Üblicherweise finden wir den meist weiß blühenden, etwa 80 Zentimeter großen **Doldenblütler** auf nährstoffreichen Böden vom Flachland bis hinauf in die Bergregionen. Die Blütenfarbe variiert zu rosa oder grünlich-gelblich. Auf der **Sonnenseite** am Waldrand, mitten auf der Wiese oder an Gräben wächst der Bärenklau **im frühen Sommer** heran. Schneidet man ihn ab, so wächst er büschelweise meist ein zweites Mal. Er ist immer etwas größer als seine Nachbarpflanzen, die **ganze Pflanze ist behaart** und somit leicht erkennbar. Der Riesen-Bärenklau mit seinen spitz zulaufenden Blättern wird bis zu vier Meter groß.
Schmackhaft sind die jungen, noch zusammengefalteten Blätter, die Blütenknospen sowie die langen Stängel als Gemüse. Die **Blütenköpfe**, in Backteig getaucht und in der Pfanne herausgebacken oder kurz in Dampf gegart, **sind eine Delikatesse**. Probieren Sie auch einmal die aromatischen Samen in süßen und pikanten Speisen oder in Getränken. Früher wurde die Pflanze gegen Verdauungsbeschwerden, Ruhr, Epilepsie und nervöse Störungen eingesetzt. Da der Pflanzensaft des Bärenklaus **bei empfindlicher Haut Hautreaktionen** hervorrufen kann, sollten Sie beim Pflücken Handschuhe tragen.

Winterheckezwiebel „Schnattra"

Zwiebelrohr

Die Winterheckezwiebel oder „Schnattra", wie sie im Allgäu auch genannt wird, wächst viele Jahre dankbar und unkompliziert im Gemüsebeet oder Topf. Daher bekam sie auch die Beinamen **"ewige Zwiebel"** oder **"ewiger Lauch"**. Sie kann von März bis in den Winter hinein geerntet werden. Üblicherweise wird das Zwiebelrohr mit einem Messer abgeschnitten und in feine Ringe zerteilt. Doch auch die unterirdischen Verdickungen sind denen der Frühlingszwiebel ähnlich und natürlich auch als Zwiebelersatz essbar.

Wie sich vermuten lässt, schmeckt sie nach Zwiebeln und wird auch so verwendet. Zwiebelrohr und Bulbe sind ein **gesundheitsförderndes Gewürz** in vielen Speisen. Ihre **entgiftenden Senföle** schmecken roh scharf und im gegarten Zustand mild und harmonisieren die Verdauung. Obendrein ist die überaus hübsche **weiße, kugelige Blüte** im Sommer in jedem Gartenbeet eine Bereicherung. Selbst als Garnitur auf einem Salat oder auf Gemüsetaschen, als Dekoration auf einem Büfett oder in einer Vase ziert sie jeden Tisch.

Zucchini

Die lange und schlanke Zucchini wächst gerne an einem **warmen Platz im heimischen Garten**. Wie die Salatgurke gehört die Zucchini ebenfalls zur Familie der Kürbisgewächse und kann, wenn man sie denn lässt, fast ebenso groß und dick werden. Am besten schmeckt sie allerdings in einer Größe von ca. 20 bis 30 cm Länge. In unseren Breitengraden ernten wir sie von Juli bis Oktober. Hat man genügend **Blüten** an einem Stock, so lassen sich diese wunderbar **in Pfannkuchenteig** getaucht **frittieren** oder als zarte Hülle mit **pikantem Kräuterquark füllen**.

Ihr Geschmack ist sehr mild und daher lässt sie sich in der Küche sowohl pikant als auch süß verwenden. Während **grüne Sorten** meist **geschält** werden, erübrigt sich das Schälen der gelben Sorten. Ob geraspelt, geschnitten, gefüllt, das Kernhaus der jungen Zucchini kann mitverwendet werden. Zucchini kann sehr gut als saftige Zugabe bei Küchle, Aufläufen und süßem Kuchen dienen. Wird eine Frucht im Garten zu mächtig, so schmeckt sie auch **gewürfelt und süßsauer eingemacht** als Chutney wundervoll zu Gegrilltem oder zur Brotzeit aufs Butterbrot. Ein toller Vorrat für den Winter! Wichtig beim Zubereiten von Zucchini ist, dass sie **kräftig gewürzt** wird. Alle Gewürze und Kräuter harmonieren sehr gut mit ihr. Probieren Sie doch einmal, die pikante Zucchinitorte auf Seite 139 zuzubereiten. Sie werden positiv überrascht sein.

Heusuppe

Sommer

2 Handvoll	Bio-Heu	500 ml	Gemüsebrühe
2 EL	Öl	70 ml	Schlagsahne
500 ml	Wasser		Salz
1 EL	Butter		Pfeffer
1	Zwiebel		Curry
1	Karotte	50 g	Schlagsahne
2	Kartoffeln		Kapuzinerkresseblüten

Das Heu im Topf mit Öl anschwitzen. Mit Wasser aufgießen, aufkochen und zugedeckt 30 Minuten ziehen lassen. Die Zwiebel, die Karotte und die Kartoffeln schälen und fein würfeln. Butter im Topf erhitzen und das Gemüse darin andünsten. Dann mit Gemüsebrühe ablöschen und 15 Minuten zugedeckt köcheln lassen.

Den Heusud durch ein Sieb abgießen, dabei das Heu gut ausdrücken. Den Sud und die Schlagsahne zur Suppe geben und die Suppe pürieren. Anschließend mit Salz, Pfeffer und Curry würzen und abschmecken. Sahne schlagen und die Suppe nach dem Anrichten damit garnieren. Kapuzinerkresseblüten fein schneiden und über die Suppe streuen.

Aufgeschäumte Erbsensuppe mit "Goldwürfeln"

1	Zwiebel
¼	Lauchstange
100 g	Erbsenschoten
40 g	Butter
1 EL	Zucker
700 ml	Gemüsebrühe
150 g	Sahne
300 g	Erbsen
	Meersalz
	Pfeffer

Die Zwiebel schälen und fein würfeln. Den Lauch putzen, waschen und in feine Ringen schneiden. Die Erbsenschoten waschen und in Stücke schneiden.
Butter im Topf erhitzen und die Zwiebel und den Lauch mit dem Zucker glasig dünsten. Mit Gemüsebrühe und Schlagrahm auffüllen und mit Salz und Pfeffer würzen. Erbsen und Erbsenschoten zugeben und etwa acht Minuten weich kochen.

Sommer

Für die "Goldwürfel":

4-5	Weißbrotscheiben vom Vortag
60-80 g	Butter
4 EL	Schlagrahm

Währenddessen das Brot in Würfel schneiden.
Butter in der Pfanne erhitzen und die Brotwürfel darin bei mittlerer Hitze goldgelb rösten.
Die Suppe mit dem Pürierstab mixen. Anschließend durch ein Sieb streichen. Nach dem Abschmecken die Suppe mit dem Pürierstab aufschäumen. Die restliche Sahne halbfest schlagen. Die Suppe anrichten und mit dem halbfesten Schlagrahm verzieren. „Goldwürfel" separat zu Tisch geben, da sie sonst in der Suppe zu schnell aufweichen.

Kräutersuppe

60 g	Butter	300 ml	Gemüsebrühe
30 g	Mehl	200 g	flüssige Sahne
125 g	Kräuter (Kerbel, Estragon, Sauerampfer, Petersilie, Schnittlauch)	100 g	geschlagene Sahne

Mehl mit Butter anschwitzen, mit der Gemüsebrühe ablöschen und circa zehn Minuten kochen lassen. Flüssige Sahne zugeben, leicht einköcheln. Die gehackten Kräuter zugeben und ein bis zwei Minuten kochen lassen.
Mit dem Pürierstab mixen und die geschlagene Sahne unterheben.
Abschmecken und mit in Butter gerösteten Brotwürfeln servieren.

Die Suppe besteht aus einfachen, regionalen Zutaten, kann schnell durch Zugabe von verschiedenen Kräutern verändert werden und sättigt prima. Ich stamme aus einer großen Familie und Suppe war immer ein wichtiger Bestandteil unseres Mittagessens.

Im Kräuterdorf Stiefenhofen finden Sie die Zutaten teilweise auf der Wiese bzw. unsere Gastgeber haben kleine „Kräutertopfgärten“, in denen sich unsere Gäste bedienen dürfen. Der „Allgäuer Kräutergarten Artemisia“ hat eine große Auswahl an Kräutern – oder Sie lassen sich „Kräutergerichte“ beim „Kräuterwirt“ in Stiefenhofen schmecken.

Annelore Zeh, Gästeamtsleiterin im Kräuterdorf Stiefenhofen

Sommer

Grüne Bohnen-Nudel-Salat

400 g	frische grüne Bohnen
	ein wenig Bohnenkraut
500 g	VonHier Dinkelnudeln
100 g	alter Bergkäse
6	Lauchzwiebeln
	Balsamico Essig
	Rapsöl
	Salz aus der Mühle
	Pfeffer aus der Mühle
	etwas Petersilie
8	kleine Tomaten

1. Die grünen Bohnen mit dem Bohnenkraut zusammen in Salzwasser bissfest garen.
2. VonHier-Dinkelnudeln in Salzwasser separat nach Packungsangabe kochen. In der Zwischenzeit den Bergkäse reiben und die Lauchzwiebeln in kleine Röllchen schneiden.
3. Die noch heißen Nudeln in einer Schüssel mit dem geriebenen Bergkäse mischen und Bohnen und Lauchzwiebeln dazugeben. Mit Salz, Pfeffer aus der Mühle und Balsamico abschmecken und zwei bis drei Stunden stehen lassen.
4. Nochmal abschmecken und Rapsöl zugeben. Zum Schluss die frisch gehackte Petersilie unterheben und mit kleinen gewaschenen Tomaten als Farbklecks garnieren.

Dieser Salat schmeckt sehr gut zu gegrilltem Fleisch.

Lebensmittel aus der Region für die Region – das ist die Philosophie der Firma Feneberg. Mit der regionalen Bio-Marke VonHier bieten wir unseren Kunden Bio-Produkte an, die garantiert aus unserer Heimat kommen. Über 400 Produkte umfasst das VonHier-Programm derzeit. Sie alle werden von Landwirten und Verarbeitungsbetrieben erzeugt, die nicht weiter als 100 Kilometer vom Firmensitz in Kempten entfernt sind und sich einem Öko-Anbauverband wie Naturland, Bioland oder Demeter angeschlossen haben.

Allgäuer Brotsalat

Sommer

200 g	altbackenes Brot, in Würfel geschnitten
50 g	Butter
400 g	Tomaten, geviertelt
100 g	Pflücksalat oder Löwenzahnblätter im Frühjahr
1 Zweig	Rosmarin
70 ml	Balsamico-Essig
	Kräutersalz
	Pfeffer
	Zucker
70 ml	Rapsöl
1 Bund	Basilikum

Salat putzen, Tomaten waschen und in Scheiben schneiden. Rosmarin vom Stiel abstreifen und fein hacken.

Danach Tomaten, Pflücksalat/Löwenzahn und gehackten Rosmarin in eine Schüssel geben und mit Salz, Pfeffer, Zucker, Öl und Essig vermischen.

Zum Schluss das Brot in circa zwei cm große Würfel schneiden, in der Pfanne mit Butter hellbraun rösten. Zuletzt Basilikum fein schneiden und mit dem Brot in den Salat geben.

Vorsichtig mischen und schön anrichten.

Faltenbrot mit Kräuterbutter

500 g	Dinkelmehl
280 g	Wasser, lauwarm oder 100 g Sahne und 180 g Wasser
1 Würfel	Hefe
½ TL	Zucker
2 TL	Salz
50 g	Öl

Für den Belag:

50 g	Kräuter (Bärlauch oder gemischte Kräuter, Kapuzinerkresse, Ysop, Thymian, Salbei, Rosmarin, Giersch ...)
120 g	Butter, weich
1 TL	Salz
etwas	Zitronensaft
evtl.	etwas Pfeffer

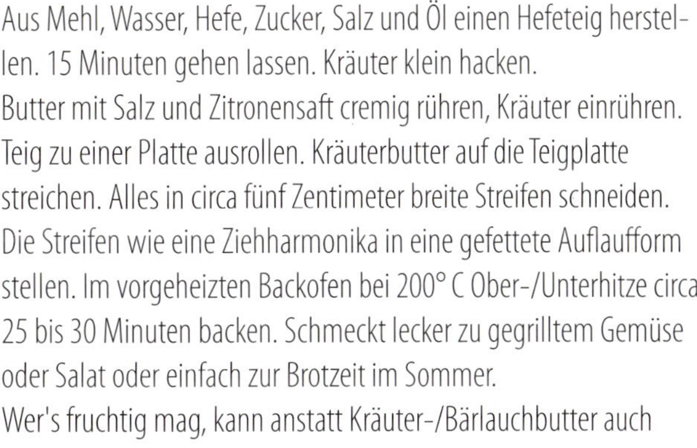

Aus Mehl, Wasser, Hefe, Zucker, Salz und Öl einen Hefeteig herstellen. 15 Minuten gehen lassen. Kräuter klein hacken.
Butter mit Salz und Zitronensaft cremig rühren, Kräuter einrühren. Teig zu einer Platte ausrollen. Kräuterbutter auf die Teigplatte streichen. Alles in circa fünf Zentimeter breite Streifen schneiden. Die Streifen wie eine Ziehharmonika in eine gefettete Auflaufform stellen. Im vorgeheizten Backofen bei 200° C Ober-/Unterhitze circa 25 bis 30 Minuten backen. Schmeckt lecker zu gegrilltem Gemüse oder Salat oder einfach zur Brotzeit im Sommer.
Wer's fruchtig mag, kann anstatt Kräuter-/Bärlauchbutter auch Tomatenbutter aus getrockneten Tomaten nehmen.

Waltenhofen /Memhölz

Kräuterquark

1 Becher	Quark
1 Becher	Joghurt
	verschiedene fein gehackte Kräuter
	Salz
	Pfeffer
	Paprika

Alles miteinander verrühren und ziehen lassen.
Schmeckt gut als Brotaufstrich oder als Dip.

Gestockter Steinpilz

200 g	frische oder gefrorene Steinpilze
150 g	Zwiebelwürfel
20 g	Butterfett
250 g	Gemüsebrühe
250 g	Sahne
2	Eier
2	Eidotter
	Salz
	Pfeffer
	Rosmarinzweig

Für den Kartoffel-Rosmarinschaum:

25 ml	weißer Portwein
30 ml	Gemüsebrühe
150 g	weich gekochte Kartoffeln (durch die Kartoffelpresse gedrückt)
1 EL	Rosmarinöl
150 g	flüssige Sahne
	Salz
	Pfeffer
	Muskat
	Rosmarinzweig
2	ISI Kapseln

Zuerst die Zwiebeln würfeln und in Butterfett glasig dünsten. Die Hälfte der Pilze klein schneiden, zugeben und anschwitzen. Mit Salz, Pfeffer und dem Rosmarinzweig würzen und mit der Gemüsebrühe ablöschen. Köcheln lassen, danach aufmixen und mit der Sahne ablöschen. (Braucht nicht mehr zu kochen.) Diesen Fond nun eine Stunde ruhen lassen. Bevor man die Masse in den Ofen schiebt, wird sie abpassiert und die Eier untergeschlagen und nochmal abgeschmeckt.

In der Zwischenzeit die andere Hälfte der Pilze würfeln, in der Pfanne mit etwas Butterfett anbraten, leicht würzen und auf einem Teller abkühlen lassen.
Die gewürfelten Pilze nun in Weckgläser verteilen. Mit der Eier-Sahne-Mischung dreiviertel voll füllen und im Wasserbad auf Zeitungspapier bei 130 °C 40 Minuten pochieren.

Kartoffel-Rosmarin-Schaum:
Alle Zutaten für den Kartoffel-Rosmarin-Schaum warm zusammenrühren und in die ISI-Flasche (Sahnebereiter) füllen. Mit zwei Kapseln versehen.

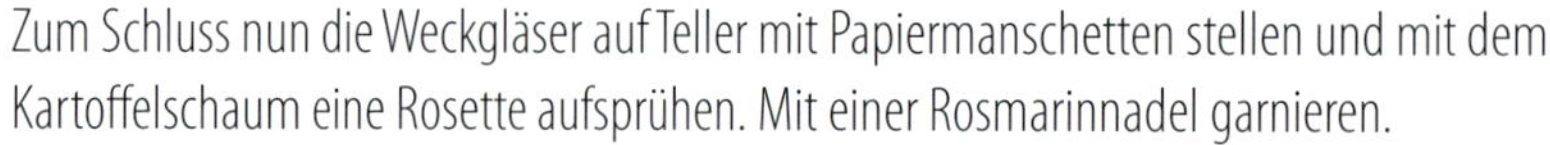
Zum Schluss nun die Weckgläser auf Teller mit Papiermanschetten stellen und mit dem Kartoffelschaum eine Rosette aufsprühen. Mit einer Rosmarinnadel garnieren.

Barbara Schlachter-Ebert, Berghotel Schlossanger Alp, Pfronten

Gemüse-Wraps

1 Bund	Frühlingszwiebeln
1 Dose	Mais
500 g	Tomaten
½ Bund	Petersilie
200 g	Crème fraîche
200 g	Naturjoghurt
	Salz
	Pfeffer
	Chilipulver
8	Weizentortillas
200 g	geriebener Bergkäse

Frühlingszwiebeln in Ringe schneiden. Mais abtropfen lassen. Tomaten in kleine Würfel schneiden, Petersilie klein hacken. Crème fraîche mit Joghurt glatt rühren. Vorbereitetes Gemüse und Petersilie unterheben, würzen.

Tortillas mit jeweils etwas Gemüsefüllung bestreichen, aufrollen, in eine gefettete Auflaufform legen und die restliche Füllung darüber verteilen.

Gefüllte Wraps mit Käse bestreuen und im heißen Ofen bei 200° C Umluft circa 25 Minuten backen.

Mariniertes Sommergemüse

3	Gelbe Rüben	2	Knoblauchzehen
1	Kohlrabi	2 EL	Sonnenblumenöl
	Salzwasser	je 1 Zweig	Rosmarin und Thymian
2 mittlere	Zucchini		Salz
100 g	Champignons		weißer Pfeffer
2	rote Paprikaschoten	50 ml	Weißweinessig
2	Gemüsezwiebeln	1 TL	Honig
		1 EL	Zitronensaft

Gelben Rüben, Kohlrabi und Gemüsezwiebeln schälen und in dünne Scheiben schneiden. Gelbe Rüben und Kohlrabi in sprudelnd kochendem Salzwasser für fünf Minuten blanchieren.

Paprika waschen, halbieren und Kernhaus entfernen. Champignons mit einem Kuchenpinsel abpinseln. Die Zucchini längs halbieren und alles Gemüse in dickere Scheiben schneiden.

Das Sonnenblumenöl in eine Pfanne geben, nicht zu stark erhitzen. Zuerst die in Scheiben geschnittene Zwiebel und den zerkleinerten Knoblauch, dann Zucchini, Paprika und Möhren dazugeben und einige Minuten braun braten. Salz, Pfeffer und die Kräuter dazugeben. Weißweinessig, Honig und Zitronensaft mischen und das Gemüse damit ablöschen.

Überbackene Käsekartoffeln

Sommer

4 - 6	große Kartoffeln
Füllung:	
200 g	Sauerrahm
150 g	Bergkäse, gerieben
100 g	gem. Kräuter
1	Ei
2 EL	Kümmel
	Salz
	Pfeffer

Kartoffeln in der Schale im Schnellkochtopf 15 Minuten garen. Zwischenzeitlich Käse reiben und Kräuter fein hacken. Sauerrahm und Reibkäse verrühren, Ei, Kümmel, Salz und Pfeffer zugeben und gut mischen. Masse würzig mit klein geschnittenen Kräutern abschmecken.
Die noch heißen Kartoffeln längs halbieren und mit dem Teelöffel etwas aushöhlen. Das Ausgehöhlte mit der Gabel zerdrücken und unter die Käsemasse mengen. Kartoffelhälften füllen, in eine Auflaufform setzen und bei 220 ° C etwa 15 Minuten überbacken.

Sommer

600 g	junge, kleine Zucchini	
500 g	Eiertomaten	Petersilie
250 g	Schafskäse oder Ziegenkäse	Thymian
4 EL	Olivenöl	Knoblauch
	Oregano	Salz
	Basilikum	Pfeffer

Überbackene Zucchini

Die Zucchini waschen, Stielansätze entfernen und in etwa ½ cm dicke Scheiben schneiden.
Danach Tomaten waschen, grüne Stielansätze entfernen und in ebenso dicke Scheiben schneiden.
Den Schafskäse etwas abtropfen lassen und klein würfeln oder Ziegenkäse raspeln.
Den Backofen auf 200 °C vorheizen.
Nun eine Auflaufform mit Olivenöl ausstreichen, die Zucchini- und Tomatenscheiben dachziegelartig hineingeben, den Schafskäse darüber verteilen und mit den Kräutern würzen. Olivenöl gleichmäßig über das Gemüse träufeln.
Anschließend auf die mittlere Schiene in den Backofen schieben und das Gemüse etwa 15 bis 20 Minuten backen, bis der Käse eine leichte Bräunung annimmt und die Zucchini gar sind. Die Zucchini sofort mit Baguette oder Stangenweißbrot servieren.
Guten Appetit!

1 kg	Zucchini
	Salz
2	Zwiebeln
1 Bund	Lauchzwiebeln
1	Knoblauchzehe
100 g	würziger Bergkäse, gerieben
3	Eier
4 EL	Mehl
4 EL	Quark
	Thymian
	Pfeffer
	Öl

Zucchini-Puffer mit Tomatenragout

Zucchini waschen, putzen, grob raffeln und anschließend salzen. Das Ganze mindestens 15 Minuten ziehen lassen. In der Zwischenzeit geputzte Lauchzwiebeln in feine Ringe schneiden. Zwiebeln und Knoblauch fein hacken und in einer Pfanne glasig dünsten. Die Zucchini in ein Sieb geben und abtropfen lassen. Anschließend mit beiden Händen noch einmal kräftig ausdrücken, die Gemüseraspel sollten möglichst trocken sein.

In einer Schüssel mit den restlichen Zutaten gründlich vermengen, die Masse sollte relativ fest sein, sonst noch etwas mehr Mehl dazugeben. Mit Pfeffer würzen.
Öl in einer Pfanne erhitzen. Mit einem kleinen Schöpflöffel den Gemüseteig portionsweise in die Pfanne geben und flach drücken. Auf beiden Seiten bei mittlerer Hitze anbraten, dabei nach dem Wenden noch einmal flach drücken.
Für die Tomatensoße die Tomaten klein hacken, Zwiebel im Topf glasig dünsten, Tomaten zugeben, würzen und bei mittlerer Hitze kurz garen.

Für die Tomatensoße:

800 g	Tomaten
1	Zwiebel
	Salz
	Zucker
	Pfeffer
30 g	Butter oder Olivenöl
	frische Kräuter wie Basilikum oder Oregano

Zucchini-Käse-Puffer:

300 g	Zucchini, grün
1	Ei, mittelgroß
100 g	Frischkäse
3 EL	alter Bergkäse oder Ziegenhartkäse
4 EL	(Vollkorn-) Dinkelmehl
	Salz
	Pfeffer, frisch gemahlen
3 EL	Muskat
evtl.	Chilipulver
	verschiedene Kräuter wie Spitzwegerich, Schafgarbenblätter, Thymian, Dost, Majoran, Estragon …
4 EL	Rapsöl
2 EL	Butter

Sommersalat:

400 g	Tomaten
1 Kopf	Eichblattsalat
1	Zwiebelrohr, "Schnattra"
2 Stiele	Minze
3 Stiele	Dill
3 EL	Apfelessig
	Zucker
4 EL	Olivenöl
	Salz
	Pfeffer

Zucchini-Käse Puffer

Zucchini-Käse-Puffer:
Die Zucchini putzen und grob raspeln. Die Kräuter fein hacken. Dann Zucchini in einer Schüssel mit Ei, Frischkäse, dem geriebenen Käse und Mehl mischen. Zucchinimasse kräftig mit Salz, Pfeffer, Muskat, eventuell Chili würzen und die Kräuter zugeben.
Danach den Ofen auf 100° C Ober-/Unterhitze vorheizen.
Zwei Esslöffel Öl mit wenig Butter in einer großen, beschichteten Pfanne erhitzen. Anschließend die Zucchinimasse mit einem Esslöffel in das heiße Öl geben und die Puffer bei mittlerer Hitze auf jeder Seite drei Minuten goldbraun braten. Die fertigen Puffer auf einen Teller legen und bis zum Servieren im heißen Ofen warm halten.

Sommersalat:
Den Salat putzen und waschen. Danach Tomaten waschen und in große Stücke schneiden.
Zwiebelrohr in feine Ringe schneiden. Dann Minze und Dill abzupfen und hacken. Tomaten und Zwiebelrohr mit dem Eichblattsalat in einer Schüssel mischen. Salat mit Essig, Salz, Pfeffer, Zucker und Öl anmachen.
Anschließend Minze und Dill unter den Salat mischen und zu den Puffern servieren.

Gefüllte Zucchini mit Dinkelschrot und Gemüse

4	mittlere Zucchini
1	gelbe Paprika
2	Tomaten
200 g	wahlweise Couscous, Bulgur, Dinkel- oder Grünkernschrot
200 g	Feta
	Olivenöl
	Petersilie
	evtl. schwarze Oliven
	Gemüsebrühe

Tomatensoße:

30 g	Butter
30 g	Mehl
200 g	frische passierte Tomaten
300 ml	Wasser
	Oregano
	Salz
	Zucker
	Pfeffer

Den Couscous in einer Schüssel mit der Gemüsebrühe übergießen und zehn Minuten quellen lassen. Bulgur, Dinkelschrot oder Grünkernschrot mit 300 ml Gemüsebrühe zum Kochen bringen und circa zehn bis fünfzehn Minuten köcheln lassen. Die Zucchini putzen, waschen und halbieren, das Fruchtfleisch mit einem Löffel herauslösen. Paprika, Tomaten, das Zucchinifleisch und den Feta fein würfeln. Das Olivenöl langsam erhitzen und das Gemüse darin andünsten. Zum Schluss wird der Feta, die gehackte Petersilie und die gehackten Oliven untergerührt und mit Salz und Pfeffer abgeschmeckt. Den Couscous bzw. Getreideschrot in der Schüssel auflockern, das Gemüse zufügen und unterrühren. Das Ganze nochmals würzen und in die Zucchinihälften füllen. Die Zucchinihälften in eine feuerfeste Form geben, kochende Gemüsebrühe (Instant) zugießen, circa 200 ml, und bei 200° C circa 25 bis 45 Minuten backen.

Für die Tomatensoße ein helle Einbrenne aus Butter, Mehl und Wasser herstellen, passierte Tomaten unterrühren und circa zwei Minuten kochen lassen. Würzen mit Oregano, Salz, Zucker, Pfeffer.

Überbackene Zucchinischeiben

2	große Zucchini
5	Fleischtomaten
1	Gemüsezwiebel
1 EL	Olivenöl
2-3	Knoblauchzehen
1	rote Chilischote
	Salz
	weißer Pfeffer
1 Msp.	Zucker
80 g	geriebener Bergkäse
½ Bund	Petersilie
	Butter für die Form

Zucchini, Tomaten und Chili waschen und abtrocknen. Tomaten grob würfeln. Chili in feinste Streifen schneiden oder hacken.

Olivenöl im Topf erhitzen. Gehackte Zwiebel, Knoblauch und Chili darin andünsten. Anschließend die Tomatenwürfel zugeben und kräftig mit Salz, Pfeffer und etwas Zucker würzen. 15 Minuten zugedeckt köcheln lassen, dabei ab und zu umrühren. Die Petersilie hacken und die Hälfte unter die Soße rühren.

Eine flache, ofenfeste Auflaufform mit wenig Butter ausfetten. Zucchini in etwa 1,5 cm dicke Scheiben schneiden, diese fächerartig (nicht zu eng) in die Form legen. Gut würzen mit Salz und Pfeffer. Die Tomatensoße darüber verteilen und mit Käse bestreuen.

Im Backofen bei 200° C auf der mittleren Schiene 20 Minuten knusprig braun backen. Mit Petersilie bestreut servieren.

Ein leichtes und sommerliches Abendessen für die Familie; vor allem, wenn die Zucchini im Garten zu groß werden …

Sommer
Sommer
Sommer

1 Rolle	Blätterteig fürs Blech (Kühlregal)
2	dünne Zucchini
4 EL	Semmelbrösel
2	Eier
200 g	Schmand
100 g	geriebener Käse
2 EL	Schlagsahne
	Salz
	Pfeffer

Backofen auf 220 °C (Umluft 200°) vorheizen. Dann den Blätterteig auf ein mit Backpapier ausgelegtes Blech legen (tiefgekühlte Scheiben auftauen lassen, aufeinanderlegen, zum rechteckigen Teig ausrollen). Teigrand rundum 1 cm breit hochbiegen.
Danach die Zucchini waschen, putzen und in dünne Scheiben schneiden. Den Teig mit Semmelbröseln bestreuen. Zucchini darauflegen. Anschließend ein Ei mit Schmand und Reibekäse verrühren, salzen, pfeffern. Die Masse auf den Zucchini verteilen. Übriges Ei trennen. Eigelb mit Sahne verrühren. Teigrand damit dünn bepinseln. Quiche im Ofen circa 25 Minuten backen.

Quiche kalt oder warm servieren.
Für ein Blech wird die doppelte Menge benötigt.

Zucchini-Quiche

Gesunde Gemüse-Pfanne

200 g	Dinkelkörner oder Rollgerste	100 g	Zuckererbsen/schoten
450 ml	Wasser	4 EL	Sonnenblumenöl
1 TL	gekörnte Gemüsebrühe		Kräutersalz, Pfeffer, Curry
1	Fenchelknolle		wenig Chilipulver
1	rote Paprika	200 g	grüne Prinzessbohnen
2	rote Schalotten	5	Kirschtomaten

Dinkelkörner in einen Topf geben und mit Wasser und gekörnter Gemüsebrühe etwa 45 Minuten garen.
Das Gemüse waschen. Schalotten schälen. Dann die Paprika längs halbieren, den Strunk entfernen. Die Fenchelknolle längs halbieren. Zuckerschoten und grüne Bohnen in etwa drei Zentimeter lange Stücke schneiden. Das restliche Gemüse in Streifen schneiden.
Das Öl in einer Pfanne erhitzen und das Gemüse darin scharf anbraten. Anschließend kräftig mit Kräutersalz, Pfeffer, Curry und wenig Chilipulver würzen. Nach Ende der Garzeit des Dinkels diesen mit dem Gemüse mischen und alles würzig abschmecken. Die Gemüse-Pfanne anrichten und mit den halbierten Kirschtomaten garnieren.

Pasta mit Feta

2 l	Wasser
2 EL	Salz
240 g	kurze Makkaroni
300 g	Zucchini
4	Tomaten
10	Kirschtomaten
1	Zwiebel, rot
1	Paprikaschote, rot
einige	Rucolablätter
2 TL	Tomatenmark
	Salz, Pfeffer, Kräuter
150 g	Feta

Reichlich Wasser mit zwei Esslöffel Salz im Topf zum Kochen bringen. Nudeln zugeben und bissfest kochen.
Gemüse waschen, putzen, klein schneiden und in zwei Teelöffeln Olivenöl anbraten. Danach mit Salz, Pfeffer und Kräutern würzen, zwei Teelöffel Tomatenmark einrühren. Drei Minuten garen.
Anschließend Nudeln abgießen und mit etwas Rucola und 150 Gramm Feta-Würfeln unter die Soße mischen.
Anrichten.

Sommer

Tortellini-Pfanne

30 g	Butter	200 ml	Sahne
1 Bund	Lauchzwiebeln	1 P.	Tortellini, vegetarisch, mit Käse gefüllt (Kühlregal)
200 g	Champignons, braun oder Kräuterseitlinge	100 g	Bergkäse, gerieben
1	Knoblauchzehe, durchgepresst		Salz
½	Brokkoli (kleine Röschen)		Pfeffer
200 g	Bohnen, grün, halbiert		Chilipulver
10	Cocktailtomaten, halbiert	evtl.	Gemüsebrühe (Instant)

Die Tortellini in Salzwasser kurz kochen, abgießen.

Die Bohnen in Salzwasser fünf Minuten blanchieren, den Brokkoli dazugeben und weitere drei Minuten köcheln, abgießen. Butter in einer Pfanne erhitzen, geschnittene Lauchzwiebeln, Pilze und Knoblauch glasig dünsten. Halbierte Cocktailtomaten dazugeben, mit der Sahne aufgießen, zum Kochen bringen, Tortellini sowie die Bohnen und Brokkoliröschen untermischen. Erhitzen und kurz durchziehen lassen. Mit Salz, Pfeffer und Chilipulver würzen.

Beim Servieren mit geriebenem Bergkäse bestreuen.

Spinatlasagne mit Tomatensoße

600 g	Blattspinat, TK, mit Rahm
2	große Karotten
7	Champignons, mittelgroß
1	große Zwiebel
5 EL	Milch
½ P.	Kräuterfrischkäse
1	Knoblauchzehe
1 EL	gestrichene Gemüsebrühe
500 ml	passierte Tomaten
3 EL	Butter
2 EL	Mehl
150 ml	süße Sahne
1	Knoblauchzehe
1 P.	Lasagneplatten
200 g	Käse, gerieben
	Salz
	Pfeffer
	Chilipulver

Karotten, Champignons und Zwiebel schälen, schneiden und zuerst die Zwiebelwürfel in einer Pfanne anbraten, bis sie glasig sind. Danach das restliche Gemüse hinzufügen und kurz mitbraten. Die Milch dazugeben und den Rahmspinat darin erhitzen, bis die Blätter nicht mehr gefroren sind und die Rahmsoße leicht eingedickt ist. Jetzt den Frischkäse sowie die Gemüsebrühe zugeben und gut verrühren. Fünf Minuten köcheln lassen, bis die Soße schön eingedickt ist. Zum Schluss die Knoblauchzehe dazupressen und mit Salz, Pfeffer und Chili abschmecken. Das Spinatgemisch darf ruhig gut würzig sein.

In einem separaten Topf die Butter erhitzen, bis sie vollständig zerlaufen ist. Das Mehl unter Rühren hinzugeben und zu einer glatten Masse verrühren. Unter stetem Rühren nun die passierten Tomaten und direkt danach die Sahne dazugießen und alles kurz aufkochen. Die Knoblauchzehe dazupressen und mit Salz und Pfeffer abschmecken.

Mit der Tomatensoße und dem Spinat dünn den Boden einer Auflaufform bedecken und jetzt abwechselnd Lasagneplatten, Spinatgemisch und Tomatensoße darin schichten. Mit der Soße abschließen und mit Reibkäse bestreuen.

Bei 180° Umluft circa 30 Minuten backen. Nach dem Backen noch fünf bis zehn Minuten im ausgeschalteten Backofen stehen lassen, dann bleibt die Lasagne perfekt in Form und zerläuft nicht.

Tipp: Sehr gut ist es auch, auf eine Schicht fein geschnittene Fetascheiben zu legen, bevor die nächste Lasagneplattenschicht kommt.

Gefüllte Paprika

150 g	grober Grünkernschrot	80 g	mittelalter Bergkäse
300 ml	Wasser		Salz
1 TL	gekörnte Gemüsebrühe		Pfeffer
4	Paprikaschoten		Kräutersalz
100 g	Magerquark		Petersilie
1	Zwiebel	20 g	Butter
2	Tomaten	ca. 100 ml	Wasser
50 g	Haferflocken		

Grünkern mit Wasser und gekörnter Brühe im Topf einmal aufkochen. Zugedeckt circa 30 Minuten nachquellen und anschließend etwas abkühlen lassen.
Die Paprikaschoten waschen, längs halbieren, entkernen und auf ein gefettetes Backblech legen. Die Zwiebel schälen und fein würfeln. Dann die Tomaten grob würfeln. Den Bergkäse reiben.
Anschließend Quark, Zwiebelwürfel, Haferflocken, die Hälfte des Reibkäses, Tomaten, Grünkern und Gewürze verrühren und in die Paprikahälften füllen. Mit Reibkäse bestreuen und bei 180 °C etwa 25 Minuten backen.
Nach etwa 15 Minuten etwas Wasser zugeben.

Pilzragout mit Semmelknödeln

Semmelknödel:
Zwiebel schälen, in kleine Würfel schneiden und mit Butterschmalz andünsten. Schnittlauch fein schneiden.
Semmeln in dünne Scheiben schneiden, mit heißer Milch übergießen und quellen lassen. Eingeweichte Semmeln, Ei, Salz, geschnittenen Schnittlauch oder gehackte Petersilie und angedünstete Zwiebel zu einem Teig vermengen, abschmecken und ggf. noch heiße Milch, Salz oder geschnittene Semmeln hinzugeben. Knödel formen, in kochendes Wasser legen und 15 Minuten ziehen lassen, aber nicht kochen.

Semmelknödel:

6	Semmeln
1	kleine Zwiebel
1 EL	Butterschmalz
1	Ei
¼ l	heiße Milch
evtl.	Schnittlauch oder Petersilie
	Salz

Pilzragout:

1 kg	frisch gesammelte Pilze (Steinpilze, Pfifferlinge etc.)
1	große Zwiebel (oder 100 g Schalotten)
3 EL	Butterschmalz
200 g	Sahne (oder Schmand, Crème fraîche, Frischkäse)
evtl.	Schnittlauch
	Salz
	grob geschroteter schwarzer Pfeffer

Pilzragout:
Pilze putzen (nicht waschen) und ggf. schneiden. Zwiebel in kleine Würfel schneiden, bzw. Schalotten waschen, in feine Ringe schneiden und im Butterschmalz glasig dünsten. Pilze, Salz und Pfeffer hinzugeben und unter vorsichtigem Rühren anbraten, bis die ausgetretene Flüssigkeit verdampft ist, anschließend mit Sahne (oder Schmand, Crème fraîche, Frischkäse) ablöschen. Ragout mit Semmelknödeln servieren und mit reichlich fein geschnittenem Schnittlauch bestreuen. An Guate!

Das Gericht ist sehr einfach und schnell in der Zubereitung und gelingt immer. Die wenigen Zutaten hat man eigentlich immer vorrätig, sodass das Gericht spontan zubereitet werden kann, wenn das Pilzesammeln erfolgreich war. In den Wäldern um die Pfeiffermühle gibt es eine Reihe geheimer Plätze, wo man mit mehr oder weniger Glück gute Beute machen kann. Oma und Marco kommen immer mit vollem Korb heim; als Biologe ist meine Sammelleidenschaft von Pilzen eher wissenschaftlich motiviert und entsprechend gering die Ausbeute... Vor oder nach dem Sammeln - oder falls man leer ausgeht - empfehle ich eine Einkehr im Hotel Pfeiffermühle zwischen Wertach und Unterjoch.

Dr. Michael Schneider

3 Stangen	Staudensellerie	100 g	Hörnchen-Nudeln
1	Zwiebel		Petersilie, fein gehackt
1	Zucchini	1 l	Gemüsebrühe (Instant)
2	Karotten		Salz, Pfeffer
2	Tomaten		geriebener Bergkäse oder Parmesan
3 EL	Butter		

Zwiebel fein würfeln, in Butter glasig dünsten. Staudensellerie in Scheiben schneiden, Zucchini und Karotten der Länge nach halbieren und in Scheiben schneiden, Tomaten klein würfeln.
Das Gemüse zugeben und kurz mitdünsten, Gemüsebrühe zugießen und zum Kochen bringen und circa sieben Minuten bei kleiner Hitze köcheln. Anschließend Nudeln zugeben und weitere zehn Minuten kochen. Den Eintopf anrichten und mit Parmesan und Petersilie bestreut servieren.

Bunter Gemüseeintopf mit Staudensellerie

Gemüsebolognese

250 g	Spaghetti
1	Gemüsezwiebel
3 Zehen	Knoblauch
3 EL	Öl (Olivenöl)
300 g	Brokkoli, frisch oder TK
120 g	Zucchini
200 g	Möhren
150 g	Staudensellerie

Gemüsezwiebel und Knoblauch fein würfeln. Danach den Brokkoli in Salzwasser bissfest garen, eiskalt abschrecken und in kleine Röschen teilen. Übriges Gemüse in drei bis vier Millimeter große Würfel schneiden. Gemüsezwiebel und Knoblauch in Öl anbraten, Tomatenmark kurz mitrösten. Dann mit Weißwein ablöschen. Übriges Gemüse (bis auf Frühlingszwiebeln und Brokkoli) mit den passierten Tomaten zugeben, fünf bis sechs Minuten leise kochen lassen (so lange, bis die Gemüsestückchen nicht mehr hart sind). Brokkoliröschen und in Ringe geschnittene Frühlingszwiebeln dazugeben, noch zwei bis drei Minuten mitkochen. Anschließend mit Salz und Chili abschmecken, zum Schluss frisch gehacktes Basilikum unterziehen.

Spaghetti bissfest kochen. Gemüsebolognesesoße zu den Spaghetti reichen.

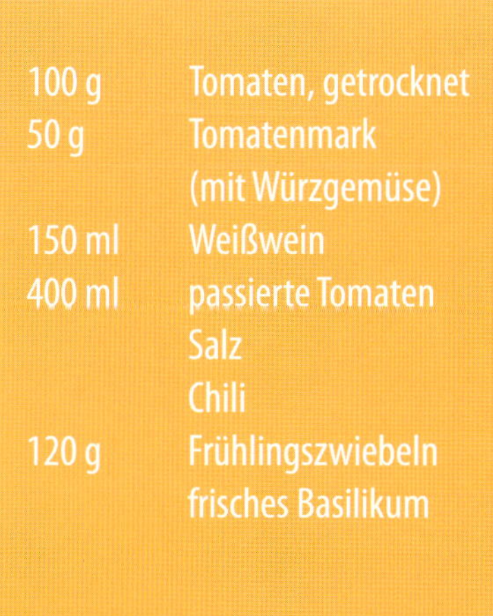

100 g	Tomaten, getrocknet
50 g	Tomatenmark (mit Würzgemüse)
150 ml	Weißwein
400 ml	passierte Tomaten
	Salz
	Chili
120 g	Frühlingszwiebeln
	frisches Basilikum

Buntes Gemüseblech mit sommerlichem Joghurt-Dip

1	gelbe Paprikaschote
1	rote Paprikaschote
2	kleinere Zucchini
200 g	Champignons
3	Eiertomaten
2 St.	Stangensellerie
8-10	kleine, junge Kartoffeln
5 EL	Sonnenblumenöl
	Salz
	Pfeffer
	Rosmarin
	Thymian

Für den Joghurt-Dip:

300 g	Naturjoghurt
2	Knoblauchzehen
5 EL	gemischte, frische Gartenkräuter z.B. Majoran, Thymian, wenig Salbei, Ysop und/oder Petersilie
	Salz
	Pfeffer
	Paprikapulver

Sommer

Alle Gemüse bis auf die Champignons waschen. Paprika längs halbieren, Kernhaus entfernen; von den Zucchini beide Enden abschneiden. Paprika in breite Streifen und Zucchini in dickere Scheiben schneiden. Die Champignons trocken mit einem Kuchenpinsel abpinseln und längs halbieren. Die Tomaten in dicke Scheiben teilen. Den Stangensellerie in breitere Stücke schneiden. Die kleinen Kartoffeln längs vierteln.
Ein Backblech mit einem Esslöffel Olivenöl einfetten. Das Gemüse darauf verteilen, mit Salz, Pfeffer, Paprika, Rosmarin und Thymian würzen und mit vier Esslöffel Öl beträufeln. Anschließend bei 180 °C etwa 25 bis 30 Minuten backen, bis es gar ist.

Zwischenzeitlich den Joghurt-Dip in einer Schüssel herstellen. Dazu die Knoblauchzehen schälen und fein hacken. Die Kräuter verlesen und fein schneiden. Den Joghurt mit Knoblauchzehen, Kräutern, Salz, Pfeffer und Paprikapulver pikant abschmecken.
Das Gemüse auf einer Platte anrichten und den Joghurt-Dip dazu servieren.

Ein herrlich leichtes Abendessen für einen lauen Sommerabend auf der Terrasse mit Freunden oder der Familie.

Gemüse-Döner

1	Zucchini
2	Paprikaschoten, rot und gelb
1	Möhre
2	Knoblauchzehen
1	Zwiebel
3 EL	Olivenöl
	Salz, Pfeffer, Cayennepfeffer, Paprikapulver
4 kleine	Fladenbrote
	Joghurt-Knoblauchsoße (Zazikisoße) selbst gemacht oder gekauft
¼	Gurke in Scheiben
1 kleine	Tomate, gewürfelt

Die Zwiebel klein würfeln, restliches Gemüse putzen und in Würfel schneiden.

In einer Pfanne das Olivenöl erhitzen und die Zwiebel und den durch die Knoblauchpresse gedrückten Knoblauch anbraten. Danach Gemüse hinzufügen, mit Salz, Pfeffer, Cayennepfeffer und Paprika abschmecken und etwa sechs Minuten garen.
Die Fladenbrote im Backofen kurz anrösten oder im Toaster kurz toasten, mit dem Gemüse und der Zazikisoße füllen, frische Gurkenscheiben und Tomatenstückchen daraufgeben und mit etwas Paprikapulver dekorieren.

Sommer

Kartoffelnudeln (Gnocchi) in Tomaten-Fenchel-Gemüse

3 große	Tomaten, gewürfelt	2 EL	Olivenöl
1 Knolle	Fenchel, in Stücke geschnitten	1 TL	Fenchelsamen
1	Knoblauchzehe	1 TL	italienische Kräuter, getrocknet
1	Paprikaschote, rot oder gelb, gewürfelt		Salz und Pfeffer
		1 TL	Basilikum, Petersilie
1 kl. Bund	Lauchzwiebeln	evtl.	Gemüsebrühe (Instant)
600 g	Kartoffelnudeln/Gnocchi (aus dem Kühlregal)	evtl.	geriebener Bergkäse oder Parmesan

Das Olivenöl in einer großen Pfanne erhitzen, die in Ringe geschnittene Lauchzwiebel mit der durchgepressten Knoblauchzehe in die Pfanne geben und kurz anschwitzen. Anschließend Paprika und Fenchel dazugeben und ebenfalls kurz anschwitzen.

Tomaten waschen und grob würfeln. Nun die Tomatenstückchen zufügen und mit italienischen Kräutern, Salz und Pfeffer würzen. Fenchelsamen dazugeben. Das Ganze etwa fünf Minuten bei mittlerer Hitze garen lassen.

Anschließend die Gnocchi aus der Packung heraus in die Pfanne geben. Brühwürfel (Instant) dazugeben.

Die Gnocchi circa fünf Minuten bei kleiner Hitze im Gemüse ziehen lassen, so nehmen sie den Geschmack der Soße an.

Am Ende mit Basilikum und Petersilie würzen. Eventuell mit Käse bestreuen.

Quarkgnocchi mit Ofentomaten und Schnittlauch

600 g	abgetropfter Quark
200 g	fein geriebener Parmesan oder Bergkäse
200 g	Mehl
	Salz, Pfeffer, Muskat
4	Eigelb
	Schnittlauch

Für die Ofentomaten:

2 kg	Cocktailtomaten, halbiert frischer Rosmarin, Thymian, Knoblauchzehen, zerdrückt, ganz wenig Zitronenabrieb, Salz, Pfeffer, wenig Zucker
3-4 EL	Olivenöl
30 g	Butter
30 g	Bergkäse, gehobelt

Cocktailtomaten vorsichtig mit den Gewürzen und dem Öl mischen und auf einem Backblech flach auflegen. Etwa eine Stunde im Ofen bei circa 100 °C trocknen lassen. Nicht vergessen, die Ofentüre einen kleinen Spalt offen zu lassen, damit der Dampf entweichen kann. Anschließend alle Zutaten für die Gnocchi zusammenkneten, zu daumendicken Rollen formen und circa 1 cm lange Stücke abschneiden. Im Salzwasser kochen, bis sie an die Oberfläche kommen, abschöpfen, abschrecken und abtropfen lassen.

Danach in einer beschichteten Pfanne wenig Butter zerlassen und die Gnocchi rundum langsam goldbraun braten. Zum Schluss die fertigen Ofentomaten und viel frisch geschnittenen Schnittlauch untermengen. Mit gehobeltem Bergkäse bestreuen.

Bandnudeln mit Fenchel

250 g	Bandnudeln (Tagliatelle)	150 ml	Gemüsebrühe
200 g	Kirschtomaten	2 EL	Tomatenmark
2	Fenchelknollen	1 Becher	Sahne
2	Zwiebeln	evtl.	Soßenbinder
2 TL	Butter		

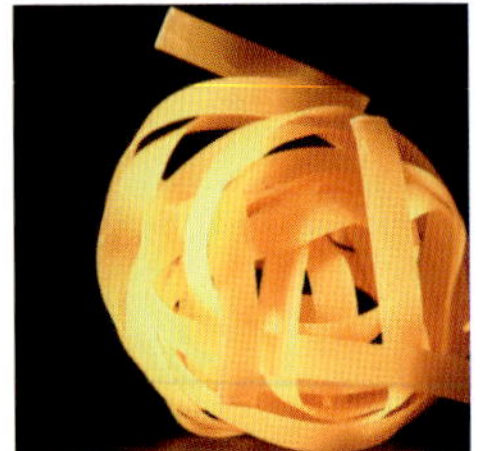

Die Tagliatelle kochen.
Kirschtomaten waschen, halbieren.
Fenchelknollen putzen, klein schneiden und mit den gehackten Zwiebeln in Butter anbraten.
Danach Gemüsebrühe zugießen, fünf Minuten köcheln, Tomatenmark, Sahne und Tomaten zufügen. Sieben Minuten garen, Sud mit Soßenbinder andicken.
Zum Schluss alles abschmecken und Tagliatelle vorsichtig unterheben.

„Allgäuer Duranand" auf dem Blech

1 kg	halbfeste Kartoffeln
	Kümmel
50 g	Sonnenblumenöl oder Butter
½ Bund	Petersilie
1 Zweig	Rosmarin
2 Stiele	Thymian
3	Salbeiblätter
	Pfeffer
1	Knoblauchzehe
250 g	Kirschtomaten

Zuerst Kartoffeln in Kümmelwasser kochen.
Anschließend die gekochten Kartoffeln je nach Größe halbieren oder vierteln. Ein Backblech mit Butter einfetten und die Kartoffeln darauf verteilen. Nun die Knoblauchzehe vierteln. Gewürze, Kräuter und den Knoblauch unter die Kartoffeln mengen. Als Nächstes die Kirschtomaten waschen, nach Wunsch halbieren und zu den Kartoffeln geben.
Zum Schluss im vorgeheizten Backofen bei 200° C Ober- und Unterhitze circa 30 Minuten backen.

Kartoffelpizza

1 kg	Kartoffeln
¼ l	Rahm
4	Eier
	Salz
	Pfeffer
2 TL	Oregano
1 Bund	Frühlingszwiebeln
100 g	geriebener Bergkäse oder Parmesan
10 g	Butter
400 g	Tomaten
250 g	Mozzarella

Kartoffeln waschen, schälen. Dann Rahm und Eier in einer großen Schüssel verrühren. Die Kartoffeln in den Eierrahm grob raffeln. Danach mit Salz und Oregano würzen, dann Käse unterrühren.

Eine flache Auflaufform mit Butter ausfetten, Kartoffelmasse hineingeben.

Bei 220° C etwa 15 Minuten vorbacken. Die Tomaten und den Mozzarella in Scheiben schneiden. Dann die Frühlingszwiebeln in feine Streifen schneiden. Anschließend Tomaten und Frühlingszwiebeln auf der Pizza verteilen und den Mozzarella darüberlegen. Pizza weitere 20 Minuten backen. Zum Schluss die Pizza mit Pfeffer und wenig Chilipulver bestreuen.

Einen frühlingshaften Salat dazu reichen. Schmeckt zu Mittag oder als leichtes Abendessen.

Älpler-Kartoffeln

750 g	Kartoffeln
250 g	Farfalla-Nudeln
1,5 l	Wasser
1 TL	Salz
Soße:	
30 g	Butter
1	Zwiebel
30 g	Dinkelmehl
500 ml	Milch
1 TL	gemahlener Kümmel
	Majoran
	Kräutersalz
	Pfeffer
100 g	geriebener Emmentaler

Kartoffeln waschen, schälen und in circa 2 cm große Würfel schneiden. In Wasser circa fünf Minuten kochen. Nudeln zugeben und weitere zehn Minuten garen. Anschließend abgießen.

Soße:
Die Zwiebel schälen und würfeln. Den Majoran fein hacken. Butter in einen Topf geben und erhitzen. Zwiebel zugeben und andünsten. Das Mehl darübergeben und hellbraun rösten. Anschließend mit kalter Milch aufgießen und mit dem Schneebesen gut verrühren. Zehn Minuten köcheln lassen. Ab und zu umrühren. Mit Kräutersalz, Pfeffer, Kümmel und Majoran würzen.

Kartoffeln und Nudeln durch ein großes Sieb abgießen und zur Soße geben. Gut würzig abschmecken. Zum Schluss den geriebenen Käse unterziehen und anrichten.

Tipp: Dazu passen verschiedene Salate als Beilage. Schmeckt auch wunderbar zu gekochtem Rindfleisch.

Bohnen-Eintopf mit Basilikumsoße

je 200 g	Bohnenkerne, weiße und rote
1,5 l	Wasser
200 g	frische Buschbohnen
2	mittlere Kartoffeln
2-3	Tomaten
	Pfeffer und Salz
	gekörnte Gemüsebrühe
200 g	Hörnchen-Teigwaren
	reichlich Salzwasser

Für die Soße:

3	Knoblauchzehen
4-5 EL	Olivenöl
1 Bund	frisches Basilikum
50 g	alter Bergkäse, gerieben

Sommer

Die Bohnenkerne über Nacht in circa 1,5 l Wasser einweichen.
Anschließend zum Kochen bringen.
Bohnenkerne eine Stunde kochen, circa 15 Minuten vor Ende der Garzeit geschnittene Bohnen, gewürfelte Kartoffeln, Zucchini und Tomaten zugeben und zugedeckt fertig garen. Würzen mit Salz, Pfeffer und evtl. gekörnter Gemüsebrühe.
Die Nudeln getrennt in Salzwasser garen und abseihen.

Soße:
Basilikumblätter zusammen mit fein zerkleinertem Knoblauch und Öl in einem hohen, schmalen Gefäß mixen und etwas Käse zugeben.
Falls die Soße zu dick geworden ist, etwas Wasser zugeben.

Tipp: Geben Sie als Abwechslung doch einmal Gulaschfleisch in den Eintopf. Schmeckt wunderbar.

Dazu passen Rosé- oder Rotwein.

Carbonara-Auflauf

250 g	Kirschtomaten
30 g	Butter
15 g	Mehl
300 ml	Milch
4	Eier
100 g	Käse, gerieben (z.B. Parmesan)
	Salz, Pfeffer
400 g	gekochte Nudeln (Fettuccine)
	Schnittlauch

Als Erstes den Backofen auf 180° C vorheizen. Kirschtomaten waschen, halbieren. Für die Soße die Butter in einem Topf schmelzen, mit Mehl bestäuben und kurz anschwitzen.
Die Milch zugeben und glatt rühren. Dann die Soße mit Eiern und der Hälfte des Käses verrühren. Danach mit Salz und Pfeffer würzen.
Nudeln mit Tomaten in eine gefettete Auflaufform geben. Sahnesoße über die Nudeln gießen. Anschließend mit dem restlichen Käse bestreuen.
Danach den Auflauf im Ofen circa 30 Minuten backen.
Zum Schluss mit Schnittlauch bestreut servieren.

Opas Bohnenspatzen

Spätzleteig:			
400 g	Mehl (Type 1050)	50 g	Butter
3	Eier	50 g	Mehl
¼ l	Wasser	300 ml	Wasser oder Bohnensud
	Salz	2 Zweige	Bohnenkraut, frisch
	Butter zum Schwenken		Salz
400 g	Buschbohnen		Paprika
1 l	Salzwasser		Pfeffer
		2 EL	Essig

Mehl, Salz, Eier und Wasser zu einem Teig zusammenrühren, etwas stehen lassen. Den Teig portionsweise durch den Spätzlehobel ins kochende Salzwasser hobeln.

Die garen Spätzle rausnehmen, kalt abbrausen und im Seiher abtropfen lassen.

Die Bohnen putzen und klein schneiden. Dann in Salzwasser gar kochen. Währenddessen in einem großen Topf eine Mehlschwitze aus Butter und Mehl herstellen. Die Mehlschwitze sollte klumpenfrei sein. Ist sie es nicht, mehr Butter nachgießen. Die Schwitze wird so lange erhitzt, bis sie hellbraun ist. Danach mit Wasser ablöschen.

Bohnenkraut und Essig dazugeben. Anschließend mit viel Paprika, Salz und Pfeffer würzen. Zum Schluss die Soße aufkochen lassen und nochmals pikant abschmecken.

Zwiebelsäckchen

16	rote/blaue Zwiebeln
1 l	Gemüsebrühe
16	entsprechend große Stücke Alufolie
	Butter zum Bestreichen
1 Scheibe	Bauernbrot
100 g	Sellerie
250 g	Brokkoliröschen
½	Zitrone (Saft)
3 EL	Olivenöl
1 TL	Thymian
½ Bund	Petersilie
	Salz
	Pfeffer aus der Mühle

Zwiebeln schälen und in der Gemüsebrühe blanchieren, herausnehmen, gut abtropfen lassen und mit einem Teelöffel aushöhlen. Der Boden der Zwiebeln muss geschlossen bleiben. Das Brot fein würfeln.
Zwiebelfruchtfleisch fein hacken und bereitstellen.
16 entsprechend große Stücke Alufolie auslegen und mit der Butter (oder Margarine) bestreichen.
Zwiebelmasse in eine Schüssel geben und das fein gewürfelte Bauernbrot dazugeben.

Sellerie putzen, waschen, fein würfeln, mit Zitronensaft beträufeln und ebenfalls unter die Masse heben. Öl erhitzen und die Masse darin kurz dünsten.
Vom Herd nehmen und erkalten lassen, den Thymian und die fein gehackte Petersilie unter die Zwiebelmasse rühren.
Masse mit Salz und Pfeffer würzen und die Zwiebeln damit füllen.
Alufolie um die Zwiebeln wickeln und zudrehen. Zwiebelsäckchen bei 200° C circa 20 bis 25 Minuten backen, Folie aufreißen, evtl. kurz im Ofen übergrillen. Anrichten, garnieren und servieren.
Schmeckt fein mit einem Dip.
Etwas schmackhafter wird das Gericht, wenn man in die Masse eine zerdrückte Banane gibt.

Sommer

Mangoldwickel

400 g	Mehl	10 g	Schnittlauch
3	Eier	20 g	Krauseminze
1 dl	Wasser	40 St.	Mangoldblätter vom Blattmangold
1 dl	Milch	4 dl	Gemüsebrühe
	Salz	4 dl	Milch
	Pfeffer	80 g	geriebener Bergkäse
10 g	Petersilie		

Das Mehl in eine Schüssel geben. Eier, Wasser, Milch und Gewürze hinzufügen. Alles rasch zu einem glatten Teig verarbeiten und abschrecken. Kräuter klein schneiden und zum Teig geben.

Mangoldblätter waschen. Von der Teigmasse einen kleinen Löffel in jedes Blatt geben und einwickeln.
Milch und Gemüsebrühe zusammen aufkochen, die Wickel beifügen und etwa zehn Minuten leise sieden. Mangoldwickel sorgfältig herausnehmen, auf einer Platte anrichten, mit etwas Kochflüssigkeit übergießen und mit Bergkäse bestreuen. Dazu schmeckt ein Wildkräutersalat wunderbar.

Tipp für Nichtvegetarier:
100 Gramm Speck würfeln, in 30 Gramm Butter knusprig rösten und am Schluss über die fertigen Capuns (Wickel) verteilen.

Schnelles Baguette mit Kräutern

500 g	Mehl
1 Würfel	Hefe
25 g	Öl
300 ml	lauwarmes Wasser
1– ½ TL	Salz
1 Prise	Zucker
2 EL	geschnittener Rosmarin oder
1	Handvoll Vogelmiere

Aus Mehl, Hefe, Öl, Wasser, Salz und Zucker einen Hefeteig herstellen. Zum Schluss die gehackten Kräuter zugeben. Eine große oder zwei kleine Rollen formen, schräg einschneiden, 15 Minuten gehen lassen und vor dem Backen mit Wasser bepinseln. Bei 200° C 35 Minuten backen.

Ich empfehle dazu einen Kräuter-Quark-Aufstrich mit frischen Wildkräutern wie Giersch, Spitzwegerich, jungen Blättchen von Löwenzahn oder Schafgarbe garniert mit Gänseblümchen, Borretschblüten, Schnittlauchblüten.

Ferienhof Berkmiller, Wald

Süße Hirtebuabe in Minzsoße

2	Eier
250 g	Magerquark
200 g	Mehl
200 g	Rahm
50 g	Puderzucker
	Zitronen- und Orangensaft

Minzsoße:

¼ l	Milch
60 g	Zucker
3	Eidotter
1	Bund frische Minze
1	Vanilleschote
	Pfefferminzlikör

Eier mit Quark und Mehl verrühren, Sahne bei Zimmertemperatur aufschlagen und zusammen mit dem Staubzucker dazugeben, weiter gut rühren. Dann mit Zitronen- und Orangensaft verfeinern. Mit einem Löffel zu Nockerln formen und in heißem Fett kurz backen. Danach die Nockerl mit Zucker bestreuen und in der Minzsoße servieren.

Minzsoße:
Die Milch und Eigelbe mit dem Stabmixer schaumig rühren, die Vanilleschote mit einem scharfen Messer auskratzen und das klein gehackte Mark mit Zucker abschmecken. Auf dem Feuer einmal abschlagen. Anschließend frische, klein gehackte Minzblätter dazugeben. Eventuell mit Pfefferminzlikör verfeinern.

Johannisbeerkuchen

Biskuitboden:		Johannisbeercreme:			
2	Eier	½ l	Johannisbeermark bzw. -saft	1 B.	Sahne
2 EL	Wasser	500 g	Quark		Guß
100 g	Zucker	2 B.	Erdbeerjoghurt	½ l	Johannisbeermark bzw. -saft
1 TL	Backpulver	300 g	Zucker	1 P.	roter Tortenguss
125 g	Mehl	2 Beutel	Agar Agar (10 g)		
		oder	7 Blatt weiße und 4 Blatt rote Gelatine		

Aus den angegebenen Zutaten einen Biskuitteig zubereiten, bei circa 180 Grad 20 Minuten backen und auskühlen lassen. Für die Füllung fünf Esslöffel vom kalten Johannisbeersaft mit Agar Agar verrühren, zum restlichen Saft geben und unter Rühren circa zwei Minuten köcheln lassen. Dann abkühlen lassen. Oder weiße und rote Gelatine einweichen. Anschließend das Johannisbeermark bzw. -saft mit Quark, Zucker, Erdbeerjoghurt gut verrühren und die aufgelöste Gelatine unterziehen. Die Masse im Kühlschrank gelieren lassen. Sahne schlagen und unter die Creme heben.
Dann Biskuitboden mit Tortenring umgeben, Johannisbeercreme einfüllen, Glattstreichen und nochmals kalt stellen. Mit dem Johannisbeermark bzw. -saft einen Guß zubereiten, auf der Creme verteilen und festigen lassen.

Tipp: Diese Torte schmeckt im Sommer gut gekühlt am besten!

Gabi Durach,
Tourismusverein Niedersonthofen

Kornelkirschlikör

350 g	sehr reife Kornelkirschen
150 g	brauner Kandiszucker
750 ml	Apfelkorn
½ - 1	Zimtstange
1	Vanilleschote

Ich nehme immer die drei- oder vierfache Menge, damit es sich rentiert.

Variante Sauerkirschlikör

400 g	Sauerkirschen
130 g	Kandiszucker
1	Zimtstange
1 P.	Vanillezucker
500 ml	Korn

Sehr reife Kornelkirschen einschneiden, in ein weites, durchsichtiges und verschließbares Gefäß geben. Eine ausgekratze Vanilleschote inklusive Vanillesamen, die gebrochene Zimtstange, den Kandiszucker und den Schnaps zufügen. Verwenden Sie keinen Williams, da sich sonst der Kornelkirschgeschmack nicht entfalten kann. Gefäß verschließen und an der Sonne sechs bis acht Wochen stehen lassen. Dabei ab und zu umrühren, damit sich der Kandiszucker auflöst und verteilt. Likör durch ein feines Sieb oder Tuch in eine Flasche gießen und verschließen. Dunkel lagern. Wir sammeln das ganze Jahr Piccoloflaschen oder Boxbeutel. Diese sehr persönlichen Geschenke erfreuen seit Jahren Mitarbeiter, Autoren, die Vertreter der Presse und die Kunden..

Kornelkirschmarmelade

Kornelkirschmarmelade mit Birnen

300 g	Birnen
300 g	Kornelkirschenmus
½	Zitrone, Saft
250 g	Gelierzucker 3:1

Variante Traubengelee

1800 g	Trauben vom Weinstock
1800 g	Zucker
3 P.	Gelfix Klassik 1:1

Die Kornelkirschen mit etwas Wasser kochen und durch ein Sieb drücken. Die Birnen schälen, entkernen und in dünne Scheiben schneiden. Dann das Kornelkirschenmus mit den Birnen in einen Topf geben und den Zitronensaft zugeben.
Danach die Marmelade nach Anweisung (auf dem Gelierzuckerpäckchen) zubereiten. Anfangs habe ich meinen Mann zu einer wahren „Sträflingsarbeit" verdonnert: er musste die Kornelkirschen für das Mus entkernen. Mittlerweile ersetzt ihn die "Flotte Lotte". Wir haben vor 25 Jahren von unserem Winzer aus der Pfalz einen Weinstock geschenkt bekommen. Er trägt viele kleine, süße Trauben. Die Früchte waschen, entstielen und mit der Hand zerdrücken. Dann die drei Päckchen Gelfix mit sechs Esslöffeln Zucker vermischen und in die kalte Maische einrühren. Jetzt alles zum Kochen bringen. Wenn sie sprudelnd kocht, den restlichen Zucker zugeben. Drei Minuten kochen lassen, sofort abseihen und in die Gläser füllen. Wir arbeiten immer zu zweit, da das Gelee sehr schnell fest wird. Die Gläser verschließen und auf den Kopf stellen.
Auch die selbstgemachte Marmelade kommt bei unseren Buchvorstellungen immer gut an.

Elisabeth und Josef Bauer
Bauer-Verlag

250 ml	Milch
20 g	Lavendelblüten
1	Vanilleschote
50 ml	Milch
2	Eigelb
75 g	Zucker
50 g	Stärkemehl
2	Birnen, mittelgroß
100 ml	Wasser
30 g	Zucker
1 EL	Zitronensaft
75 g	Haselnüsse, gehackt

Lavendelcreme mit gedünsteten Birnen

Vanilleschote aufschlitzen und das Mark herauskratzen.
Die Milch mit Mark und Schote der Vanille und den Lavendelblüten aufkochen und zugedeckt zehn Minuten ziehen lassen. Die Schote herausnehmen.
Das Eigelb mit dem Zucker schaumig schlagen, Milch und Stärkemehl unterrühren. Das angerührte Teiglein in die kochende Milch einrühren und einmal aufpuffen lassen. Sofort vom Herd nehmen, die Masse etwas abkühlen lassen und in hohe Schälchen verteilen.
Die Birnen halbieren, entkernen und schälen. Wasser, Zucker und Zitronensaft im Topf aufkochen lassen und die Birnenhälften einlegen. Bei geringer Hitze fünf Minuten mit Deckel dünsten. Birnen aus dem Sud nehmen und kurz abtropfen lassen, danach auf einen Dessertteller legen. Danach die Lavendelcreme auf den Teller stürzen.
Die gehackten Haselnüsse in einer beschichteten Pfanne rösten und das Dessert verzieren.

Thymian-Parfait

1	ganzes Ei	30 g	flüssiger Honig
3	Eigelbe	2	Zweige frischer Thymian (klein gehackt)
60 g	Zucker		evtl. äther. Thymianöl
300 g	Rahm		

Den Rahm mit Thymian aufkochen und wieder ganz abkühlen (einen Tag vorher), anschließend Thymian entfernen. Das Ei mit Eigelbe zusammen mit dem Zucker sehr schaumig rühren, Sahne cremig schlagen, Honig zufügen und beide Massen miteinander vermischen. Eventuell mit ein paar Tropfen Thymianöl aromatisieren.

Anschließend in eine Eisdose füllen und tiefgefrieren.
Antauen lassen und in Glasschälchen portionieren. Mit süßer Minzsoße reichen.

Guten Appetit!

Knusper-Beerentraum

10 EL	Haferflocken, grob
50 g	gehackte Nüsse
2 EL	Honig
500 g	rote Johannisbeeren mit/oder Heidelbeeren
3 EL	Zitronensaft
2 EL	Honig
1 Becher	Sahne

Flocken und gehackte Nüsse trocken in der Pfanne knusprig bräunen, dann Honig zugeben, mischen, in eine Schüssel umfüllen und abkühlen lassen. Johannisbeeren waschen, entkernen, von den Stielen befreien und mit Zitronensaft und Honig vermengen. Schlagrahm in einem hohen Rührbecher steif schlagen.

Alles schichtweise in Glasschälchen anrichten: Zuerst die Beeren, dann die Schlagsahne locker darübergeben. Zuletzt die Nachspeise mit der Flockenmischung überziehen. Etwa 15 Minuten durchziehen lassen.

Salbeiküchle, auf allgäuerisch „Salvermäusle"

250 g	Mehl
1 TL	Backpulver
1 Prise	Salz
40 g	Zucker
100 ml	Milch oder Bier
2	Eier
2 Handvoll	frische Salbeiblätter
1 TL	Zimt
100 g	Zucker

Aus Mehl, Backpulver, Eiern, Milch, Zucker und Salz einen dickflüssigen Teig herstellen. Etwa 20 Minuten ruhen lassen. Dann werden die frischen Salbeiblätter in den Backteig getaucht und anschließend im heißen Fett schwimmend hellbraun ausgebacken.

Aus Zimt und Zucker eine Mischung herstellen und auf die gebackenen Salbeiblätter streuen.

Erdbeer-Rhabarber-Tiramisu

250 g	Rhabarber
250 g	Erdbeeren
150 ml	Apfelsaft
75 g	Zucker
½ P.	Vanillezucker
300 g	Mascarpone
300 g	Schmand
40 g	Zucker
½ P.	Vanillezucker
3-5 EL	Amaretto
300 g	Löffelbiskuit

Zuerst den Rhabarber putzen und in circa 4 cm lange, schräge Stücke schneiden. Apfelsaft, Zucker und Vanillemark im Topf aufkochen. Rhabarber zugeben und zugedeckt bei mittlerer Hitze drei bis fünf Minuten garen, bis der Rhabarber weich ist, aber nicht zerfällt. Rhabarber abgießen, Sud auffangen, beides abkühlen lassen. Zwischenzeitlich die Erdbeeren putzen und vierteln. Zuletzt zum abgekühlten Rhabarber geben.
Den Mascarpone, Schmand, Zucker und Vanillezucker verrühren.
In den Rhabarbersud den Amaretto geben und abschmecken.
Die Hälfte der Löffelbiskuits kurz in den Rhabarbersud tauchen und in eine Auflaufform legen. Mit der Hälfte der Erdbeer-Rhabarber-Mischung belegen, restliche Löffelbiskuits eingetaucht darauflegen und mit der übrigen Erdbeer-Rhabarber-Mischung bedecken. Zwei Stunden kalt stellen.

Sommerlicher Beerenschlupfer

5	Eier
50 g	Zucker oder Honig
1 Prise	Salz
1 Prise	Vanillezucker
250 g	Mehl
80 ml	Holdersirup
ca. 150 ml	Milch
30 g	Butter zum Einfetten der Form
750 g	Beeren aus dem Garten z.B. Johannisbeeren, Himbeeren, Erdbeeren, Kirschen, Holunderbeeren oder Heidelbeeren oder alles gemischt

Beeren gegebenenfalls waschen und abtropfen lassen. Eine Auflaufform mit Butter einfetten. Backofen auf 175° C vorheizen.

Eier mit Salz, Zucker und Vanillezucker schaumig schlagen. Holdersirup mit Milch mischen und zusammen mit dem Mehl unterrühren. Der Teig bleibt relativ flüssig. Den Teig über die Beeren verteilen.

Den Beerenschlupfer im Backofen circa 35 bis 40 Minuten hellbraun backen. Vor dem Servieren mit Puderzucker bestreuen.

Ein süß fruchtiges Hauptgericht für vier Personen oder ein warmer Nachtisch für acht Personen.

Garantie-Tipp: Bei sehr saftigen Beeren, wie z.B. Erdbeeren nur 100 ml Milch zugeben. Schmeckt auch wunderbar, wenn rote Beeren unter den Teig gemischt und dann gebacken werden.

"Schräger Otto" – ein besonderes Fruchtgelee mit Joghurtcreme

Sektgläser schräg in einen Behälter stellen.Agar-Agar in kaltes Wasser geben und unter Rühren zum Kochen bringen. Nachdem es einmal aufgepufft ist, vom Herd nehmen. Anschließend Fruchtsaft langsam in die Agar Agar Flüssigkeit einrühren.
Je Glas circa 60 ml der Masse einfüllen und im Kühlschrank steifen lassen.

Währenddessen die Joghurtcreme herstellen. Dazu die Zitrone waschen und abtrocknen, die Schale abreiben und den Saft auspressen. In einer Rührschüssel Naturjoghurt mit Quark, Saft und Schale der Zitrone, Zucker und Vanillezucker verrühren.

Die Gläser wieder gerade stellen. Die Joghurtcreme auf dem Fruchtgelee verteilen. Als Garnitur je eine bis zwei Johannisbeerenträuble an den Rand des Glases stecken.

	Fruchtgelee:
500 ml	Kirsch-, Johannisbeer-, Holundersaft
1 Beutel	Agar-Agar (5 g)
150 ml	kaltes Wasser
	Joghurtcreme
300 g	Naturjoghurt
200 g	Magerquark
1	Saft und Schale einer Zitrone
50 g	Zucker
1 P.	Vanillezucker
4-8	Johannisbeerträuble zum Garnieren

Bohnenkerne

Siehe Seite 48

Brokkoli

Er stammt vermutlich aus Kleinasien und kam mit den Seefahrern nach Italien, wo er züchterisch verändert wurde. Es gibt ihn in Farbvariationen von Hell- bis Dunkelgrün. Im Herbst hat er meist einen violetten Hauch, der aber beim Kochen verschwindet. Brokkoli schmeckt würzig nach Kohl, sein **Stiel ist essbar**; wegen der unterschiedlichen Garzeit den Stiel und die Röschen getrennt kochen. Brokkoli sollte **nicht zu lange gegart werden**, da seine wertvollen Inhaltsstoffe sonst verloren gehen. Er ist leicht bekömmlich, **regt den Stoffwechsel** an, schützt den Körper vor freien Radikalen, Pilz- und Bakterieninfektionen und soll vorbeugend gegen die Bildung von Krebszellen wirken.

Gärtnerischer Tipp: Nur **im Frühjahr und Herbst** satzweise **anbauen**, da er im Sommer eher klein bleibt (er braucht eine regelmäßige Wasserversorgung und nährstoffreichen Boden). Wenn man den Haupttrieb nicht zu tief abschneidet, bildet die Pflanze feine Seitentriebe aus, die mit dem zarten Stiel verwendet werden können.

Gewöhnliche Brombeere und Kultursorten

Die Brombeere gehört zur Familie der Rosengewächse und ist eine rankende, dornige Wildpflanze. Als **Waldrandpflanze** und Pionier-Wildfrucht liebt sie das Licht und einen geschützten Platz. Zu Beginn des Herbstes reifen ihre schwarzen Beeren, die botanisch eine Steinsammelfrucht darstellen. Mineralstoffe, Vitamine und reichlich Ballaststoffe finden wir in diesen **säuerlich schmeckenden Beeren**. Ihre wertvollen Anthocyane, die der Frucht ihre schwarze Farbe schenken, **stärken unser Immunsystem** nachhaltig. Die Blätter können im Frühjahr als schmackhafter Tee verwendet werden, die Früchte für Saft, Beerenkuchen, Beeren-Nachspeisen, Konfitüren oder Kompott. Die **kleinen Steinchen** in den Früchten **fördern die Verdauung**. Möchte man sie entfernen, so können sie ausgesiebt werden.

Größere Früchte finden wir bei den Gartenzüchtungen der Brombeere. Es gibt darunter auch einige Sorten ohne Dornen. Diese benötigen allerdings im Garten ein Spaliergerüst zum Ranken. Dankbar sind die Gartenbrombeeren für eine Mulchschicht, da auch in der Natur der Boden an ihrem Fuß bedeckt ist.

Eberesche

Die Früchte der heimischen Eberesche heißen **Vogelbeeren**. Deshalb wird die Eberesche auch als Vogelbeerbaum bezeichnet. Die leuchtend roten Beeren sollten **erst dann geerntet werden, wenn die Vögel sie auch schmackhaft finden**. Erst ab Mitte September sind ihre wertvollen Inhaltsstoffe in der Herbstsonne ausgereift: Vitamin A und C, Mineralstoffe und besonders Kalium.
Die mährische Eberesche hat nahezu bitterfreie, leicht saure, größere Beeren, die angenehmer im Geschmack sind. Zum Ernten kann man die ganzen Fruchtstände abschneiden und zu Hause abpflücken.
Diese wertvollen **immunabwehrstärkenden Beeren** enthalten in rohem Zustand Para-Ascorbinsäure, welche in größeren Mengen für uns Menschen schwach giftig ist. Trocknen wir die Beeren oder kochen wir sie jedoch, entsteht Ascorbinsäure, die unser Immunsystem stärkt.
Als kleiner Halbbaum ist die Eberesche ein **wahres Schmuckstück auch in kleineren Gärten**. Die Beeren können im Herbst zu Mus, Essig, Schnaps, Likör, Konfitüren oder feinherben Nachspeisen veredelt werden. Damit die Beeren der wilden, heimischen Eberesche nicht so bitter sind, gefriert man sie vor der Verwendung am besten einige Zeit ein.
Tipp: Wer die Kerne nicht mag, kocht die Beeren in wenig Wasser weich und streicht sie anschließend durch ein Sieb, oder gewinnt in der „Flotten Lotte" einen Vitamin-C-reichen Dicksaft für den Winter.

Hagebutte

Wildrose

Heckenrose

Unsere Hagebutte wurde früher vielseitig in Haus und Küche verwendet. Viele kennen noch das „Juckpulver" der Hagebutten aus ihrer Kindheit. Für die Ernte können alle Wild- und Zierrosenformen verwendet werden, sofern sie **„Butten"**, also **Samengefäße**, bilden und gesund und ungespritzt sind. Reich an Vitamin C, trägt die Hagebutte in unserer Region auch den Namen **„Zitrone des Allgäus"**. Doch auch ihr Gehalt an Vitamin A, K, E, B, an Spurenelementen, Gerbsäuren und Pektinen macht sie zu **einer der wertvollsten Winterobst-Sorten**.

Möge jeder still beglückt seiner Freuden warten!
Wenn die Rose selbst sich schmückt,
schmückt sie auch den Garten.
(Friedrich Rückert)

Wandert die Hagebutte in den Topf, um sich in Marmelade zu verwandeln, so bleibt einem die mühevolle Arbeit des Entfernens der Kerne. Dazu werden die Hagebutten mit dem Messer halbiert und die Kerne herausgepult. Gekocht werden die weichen Schalen in wenig Wasser und Zucker, bis die köstliche klassische Krapfenfüllung fertig ist. In einer Nachspeise mit Joghurt kombiniert, kommt dieser Brotaufstrich zu neuen Ehren. Achten Sie darauf, die leuchtend roten Samen erst **nach den ersten Nachtfrösten** am Ende des Herbstes zu **ernten**. Reif und weich können sie mit dem Messer halbiert und so getrocknet werden. Danach reibt man sie vorsichtig durch ein grobes Sieb, so dass die Samen von den Samenschalen getrennt werden. Längere Zeit gekochter Hagebuttentee schmeckt fruchtig und säuerlich-frisch und passt wunderbar in eine Winterbowle. Die **Hagebuttensamen**, als Tee überbrüht, lindern schnell die Schmerzen bei Blasenentzündung und **schmecken leicht „vanillig"**. Bei der Herstellung von Hagebuttenwein brauchen Sie die Kerne nicht zu entfernen. Sie geben dem Wein sogar eine besondere Note. Wildrosen wachsen in jeder Hecke und geben Vögeln und Insekten Nahrung und Schutz. Haben Sie die Möglichkeit, Wildrosen in ihren Garten zu pflanzen, dann haben Sie die Auswahl: Hundsrose, Kartoffelrose, Bibernellrose, Apfelrose, Zimtrose, Weinrose, Essigrose, Apothekerrose und viele andere.

Haselnuss

Fast täglich essen wir mit Genuss Haselnüsse, allerdings sind sie fast nie von unseren heimischen Haselnusssträuchern. Dabei ist die Haselnuss doch ein **heimischer, robuster Wildstrauch** für naturnahe und natürliche Hecken. Sie wird bis zu sechs Meter hoch, wächst strauchartig und hat eine **besonders hohe Frosthärte** (bis -45° C).

Früher wurden die Zweige der Haselnuss als **Wünschelrute** verwendet, aber auch als Umzäunung für Bauerngärten. Die Alphirten schworen auf ihren „Haselstecken" in den Bergen, vermag er doch der Sage nach Blitze fernzuhalten.

Besonders **für Vegetarier** sind die Inhaltsstoffe der Haselnuss **nahrhaft und wichtig**. Fett, Mineralstoffe, Vitamine, besonders E und A, Folsäure und Spurenelemente dienen der guten Versorgung im Winter.

Gehen Sie im Herbst in der Natur spazieren. Sie können in den „Haseln" auch Eichhörnchen entdecken, die fleißig ihren Wintervorrat einsammeln. Dies können wir ihnen gleichtun. Frische **Haselnüsse direkt vom Strauch sind eine wahre Delikatesse** von der Hand in den Mund. Manchmal retten sie auch hungrige Wanderer und schenken ihnen neue Kraft.

In der Küche finden Haselnüsse oft Verwendung, etwa in Rohkostsalaten, Gebäck, Müsli, zum Knabbern und zur Ölgewinnung. Möchten Sie **Haselnüsse bevorraten**, müssen sie **an der Sonne getrocknet** und nach dem Aufknacken **leicht im Ofen geröstet** werden.

Holunderbeeren, Holderbeeren

Alle Teile des Holunders sind für unsere Gesundheit verwendbar. Das Typische an ihm ist der strenge Geruch und Geschmack der Pflanze.

Die **runden schwarzen Beeren** schmecken vollmundig herb und enthalten sehr viel Vitamin C, B- Vitamine, Folsäure und Flavonoide. Diese Kombination steigert die Abwehrkräfte und bewahrt uns das ganze Jahr vor Infekten. Viele Allgäuer sind der festen Überzeugung, dass sie wegen des Holdersaftes, den sie den ganzen Winter über verdünnt kalt oder warm trinken, so gut wie nie eine Erkältung haben.

Holunderbeeren sollte man **nicht in größeren Mengen roh verzehren**, sondern **vorher kochen**. Geerntet werden die ganzen Dolden und dann einzeln abgezupft.

Im Allgäu isst man „Holderbeeren" als Holdersuppe oder –mus oder trinkt sie als Holdersaft oder Winterpunsch. Diese **vitaminreichen Beeren** eignen sich für Liköre, Konfitüren, Gelees, Kuchen, Süßspeisen und Desserts. Getrocknet sind sie eine schmackhafte gesundheitsfördernde Zutat im Frühstücksmüsli zwischen Haferflocken und Co. In der kalten Jahreszeit verwendet man sie im Früchtetee. Der **Saft eignet sich zum Rotfärben von Speisen**. Der Holderstrauch wird im Allgäu hochgeschätzt und ist für sich allein eine wirkungsvolle Hausapotheke für die ganze Familie.

Kürbis

Der Kürbis ist botanisch gesehen eine **vielsamige Panzerbeere**. Mit seiner enormen **Sortenvielfalt** besitzt er in der Küche auch unzählige Verwendungsmöglichkeiten. Er lässt sich braten, grillen, kochen, dünsten, backen und ist **sowohl süß als auch herzhaft zuzubereiten**. Der Kürbis ist eine uralte Kulturpflanze. Die ersten Samenfunde lassen sich **bis 10.000 v. Chr.** zurückverfolgen. Es wird jedoch angenommen, dass lange Zeit nur die Kerne verzehrt wurden, die nahrhaft und vitaminreich sind, da alle Wildformen ein bitteres Fruchtfleisch besitzen.

Drei bekannte Kürbisarten, aus denen die beliebtesten Sorten kommen, sind die Familien der **Riesenkürbisse** (z. B. Hokkaido, Roter und Gelber Zentner), der **Gartenkürbisse** (Zucchini, Pattison, Spaghettikürbis) und **Moschuskürbisse** (Butternuss, Muskat de Provence).

Gärtnerischer Tipp: Der Kürbis ist eine **wärmeliebende Pflanze**, die **viel Platz und auch Dünger** (am besten in Form von Mist) benötigt. Kürbis kann direkt ausgesät sowie gepflanzt werden, aber erst nach den letzten Frostnächten, denn die übersteht er nicht unbeschadet!

Mangold

Es gibt verschiedene Varianten wie den Bunten Mangold oder den Stiel- und Blattmangold mit glatten und gekräuselten Blättern. Bereits vor 4.000 Jahren wurde er im Nahen Osten angebaut und bis zum 17. Jahrhundert war er eines der beliebtesten Gemüse in Deutschland. Er wächst in unseren Breitengraden **ganz problemlos im Garten**.

Mangold ist ein Kohlgemüse, sein Geschmack ähnelt dem des Spinats, ist aber etwas würziger und erdiger und leicht nussig. **Die Stiele haben eine längere Garzeit als die Blätter**, darum kocht oder blanchiert man sie separat. Sie können als Salat oder wie Spargel zubereitet werden. Mangold eignet sich hervorragend als Beilage, als überbackener Gemüseauflauf oder blanchiert als Salat. In den Mittelmeerländern wird er, mit viel Knoblauch und Olivenöl gebraten, zu Kartoffeln und Fisch serviert.

Es gibt Mangoldsorten, die **winterhart** sind, und so ist er auch fast das ganze Jahr auf dem Markt erhältlich. Er enthält außerordentlich viel Vitamin K, außerdem Vitamin C, A und E, Natrium, Magnesium, Kalium und Eisen. Mangold sollte wegen seines hohen Oxalsäure-Gehaltes **nicht roh** und **nicht von Menschen mit Nierenleiden** verzehrt werden.

Pastinake

Die Pastinake, auch Moorwurzel, Hammelmöhre bzw. Hirschmöhre genannt, ist **frosthart** und kann somit **im Boden überwintert** werden. Sie gehörte im römischen Reich zu den beliebtesten Wurzelgemüsen und hat schon seit Langem Bestand in der menschlichen Ernährung. Bei uns war die Pastinake bis zum 18. Jahrhundert ein vielseitig verwendetes Gemüse und wurde dann von der damals neu eingeführten Kartoffel und der Karotte weitgehend verdrängt. In **England** jedoch hat die Pastinake bis zum heutigen Tag einen **wichtigen Stellenwert** behalten. Dort wird sie traditionell als Püree oder als Grillgemüse zu Fleisch serviert. Da sie eine **lange Kulturdauer** hat (von der Aussaat bis zur Ernte 160 - 210 Tage), ist sie erst vom Herbst bis zum Frühjahr auf dem Markt erhältlich. Sie schmeckt süßlich-würzig und wird deshalb oft in der **Babykost** verwendet. Man kann sie backen, kochen, zu Cremesuppen und Rohkostsalaten verarbeiten. Mit der Karotte verglichen, hat die Pastinake einen fast zehnmal so hohen Gehalt an Fasern, Kalium, Vitamin C und Proteinen. Pastinaken **regen den Appetit an und wirken harntreibend**.

Gärtnerischer Tipp: Aussaat ab April-Mai (wie die Möhre), da sie eine lange Kulturdauer hat. Zu beachten ist unbedingt, dass das **Laub** der Pastinake beim Ernten **nur mit Handschuhen angefasst** werden darf, da es photosensibilisierende Stoffe enthält, die den natürlichen Sonnenschutz der Haut aufheben. Das kann in Verbindung mit Sonnenlicht schwere Verbrennungen auslösen.

Schwarzer Rettich

Schwarzer Rettich gehört zu den typischen **Lagergemüsen**, es gibt ihn dann, wenn der weiße Rettich saisonbedingt im Herbst vom Markt verschwindet. Rettich war in Ägypten schon 2.500 Jahre v. Chr. bekannt. Er wird **fein gerieben** mit Äpfeln als Rohkostsalat zubereitet, **gekocht** in Kartoffelsuppen oder zu **medizinischen Zwecken** mit Zucker zu einem Sirup verarbeitet, der eine deutlich antioxidative Wirkung hat. Gärtnerischer Tipp: Schwarzer Rettich sollte **nicht zu dicht gesät** werden, damit er genug Platz hat, um zu wachsen und reif zu werden. Hier gilt die Regel: Je weiter der Abstand, umso größer der schwarze Rettich!

Sellerie

Der echte Sellerie ist eine von vielen Varietäten aus der **Familie der Doldenblütler**. In der Küche finden der Knollen-, Stangen- und der Schnittsellerie Verwendung. Alle Sorten können **auch roh verzehrt** werden. Der wildwachsende Sellerie hatte im alten Ägypten eine große Bedeutung. Seine Blätter und Blüten wurden als Grabbeigabe verwendet und auch beim Leichenschmaus serviert. Außerdem bepflanzte man mit ihm die Gräber. Er war sowohl bei den Griechen als auch bei den Ägyptern dem Gott der Unterwelt gewidmet. Der Pflanze wird eine **leicht stimmungsaufhellende und aphrodisierende Wirkung** nachgesagt. Sellerie kann den Blutdruck, den Kreislauf und den Stoffwechsel positiv beeinflussen.

Gärtnerischer Tipp: Sellerie muss **unbedingt vorkultiviert** werden, da er bei Kältereizen in der Jungpflanzenphase später keine Knolle, sondern eine Blüte bildet. Die Anzucht erfolgt bei konstanten 18 Grad. Da Sellerie außerdem lange braucht, um überhaupt zu keimen, gehört er zu den am **schwierigsten vorzukultivierenden Gemüsen**. Der Profigärtner verwendet deshalb vorgekeimtes Saatgut, um die Keimdauer zu verkürzen. Auch wird Sellerie **ein- bis zweimal im Jahr angehäufelt**, um grüne Köpfe zu vermeiden.

Steckrübe

Kohlrübe, Wruke, Butterrübe, Erdkohlrabi, Dotsche

Der tatsächliche Ursprung der Steckrübe ist bis heute ungeklärt. Im 17. Jahrhundert kam sie aus Skandinavien nach Deutschland. Die Steckrübe **war in Notzeiten oft die letzte Nahrungsreserve** für große Teile der Bevölkerung, eine Zeit lang wurde sie auch als Schweinefutter angebaut. So gibt es aus diesen Zeiten ein eigenes Steckrübenkochbuch, in dem Gerichte wie Aufläufe, Suppen, Sauerkrautersatz, Marmelade und sogar Steckrübenkaffee aufgezeichnet sind. Deshalb besitzt sie leider immer noch den Ruf, ein minderwertiges Gemüse zu sein. Ganz im Gegensatz dazu lassen sich aus ihr jedoch **schmackhafte Gerichte** zubereiten, da sie die wunderbare Eigenschaft besitzt, **fast jeden Geschmack anzunehmen**, weil sie von Natur aus mild und süß schmeckt. Außerdem ist sie im **Winter ein wichtiger Lieferant von Vitaminen**. Sie enthält ätherische Öle, Mineralstoffe, Carotin, Provitamin A und die Vitamine B1, B2 und C sowie Nicotinsäureamid. Durch ihren hohen Wassergehalt ist sie außerdem kalorienarm.

Gärtnerischer Tipp: Die Steckrübe ist eines der wenigen Kohlgemüse (mit Radieschen und Rettich), welches nicht gepflanzt, sondern **gesät** werden sollte, um ein hohles Herz zu vermeiden. Saatabstand: alle 35 cm ein Samenkorn.

Walnuss

Walnüsse finden wir im ganzen süddeutschen Raum in **Parkanlagen** oder **als Hausbäume**. Sie sind mächtig und groß und dienten früher als Schutzbaum und Nahrungsbaum für die ganze Familie. Die **Blätter** waren **Hausapotheke**, die **grünen Johanni-Nüsse** wurden zu einem **heilkräftigen Schnaps** angesetzt und die **reifen Nüsse** wurden sorgsam **für den Winter gehortet**.

Sind die Nüsse reif und fallen vom Baum, so werden sie gewaschen und dabei von der restlichen Schale befreit. Sie müssen dann getrocknet und **luftig aufbewahrt werden**, damit sie nicht schimmeln.

Walnüsse sind reich an Eiweiß, Fett, Mineralstoffen und Vitaminen, die uns im **Winter mit wichtigen Nährstoffen versorgen**. Sie können in Brot, Gebäck und Eintöpfen verwendet werden. Roh in Müsli, Likör, Kompott oder zum Knabbern genossen, sind sie eine willkommene und ganz naturgemäße Abwechslung.

Der Walnussbaum ist **nur für große Obstgärten geeignet**. Bei genügend Platz ist er ein schöner Hofbaum bzw. Schatten spendender Baum und ein **genialer Mückenvertreiber im Sommer**. Wenn Sie einen Walnussbaum pflanzen möchten, sollte im Umkreis von circa hundert Metern ein weiterer Walnussbaum zur Bestäubung stehen. Achten Sie beim Kauf auf eine **regionale Sorte**, damit nicht im Mai bei Spätfrostgefahr Austrieb und Blüte erfrieren.

Eingriffeliger und Zweigriffeliger Weißdorn

Fährt man im Herbst über Land, so leuchten aus grünen heimischen Wildsträuchern **rote Früchte** hervor. Im Volksmund wird die Frucht des Weißdorns Mehlbeere genannt, da sie **in rohem Zustand einen leicht mehligen Geschmack** hat. Wegen seiner spitzen Dornen wurde dieser Strauch aus der Familie der Rosengewächse früher oft als Zaun eingesetzt - als „Hag" (Trennzaun).

Nicht nur den Tieren bietet der Weißdorn Schutz und Nahrung, er dient auch uns Menschen als Nahrungslieferant und Arznei. Sowohl die **Blüten und Blätter** im Frühjahr **als Tee**, als auch die **Beeren** im Herbst für **Marmelade, Gelee** und **Likör** oder als **Ersatz für Mehl** in Notzeiten verwenden wir. Selbst das Holz des Weißdorns wurde früher zu Werkzeugstielen verarbeitet. Da die Weißdornbeeren einen **relativ großen Stein** enthalten, ist die **Ausbeute an Fruchtfleisch** aber eher **dürftig** und mühsam. Die Beeren schmecken als Wegzehrung bei einer Wanderung wunderbar frisch und geben uns Kraft, liefern sie doch die Vitamine A, B, C sowie Mineralstoffe und Stärke. Volksheilkundlich stärkt der Weißdorn das Herz, den Herzrhythmus und macht uns widerstandsfähiger gegen Angst und Stress.

Wirsing, Weißkraut und Blaukraut

Seine Saison ist von Oktober bis Januar. Bei allen Kopfkohlarten gibt es **frühe Sorten**, die sich besonders für die Zubereitung von Rohkostsalaten eignen, da die Blätter zarter und süßer sind, und **späte Sorten**, die mit ihren festeren Blättern für die Lagerung geeignet sind. Von allen Kohlarten besitzt das Weißkraut den **höchsten Gehalt an Vitamin C**. Die Blätter von Weißkraut und Wirsing wurden früher oft verwendet, um äußerliche Verletzungen und Wunden zu versorgen.

Gärtnerischer Tipp: Beim Pflanzen von Kopfkohl (Wirsing / Weißkraut / Blaukraut) sollte man auf **ausreichenden Abstand** (50 cm in der Reihe) sowie auf **gute Düngung** achten, denn er hat eine lange Kulturdauer und muss in dieser Zeit einen schönen festen und gut gefüllten Kopf entwickeln. Wenn er nicht genügend Nährstoffe erhält, bleibt er klein und unterentwickelt. Außerdem setzt man ihn **tief in die Erde** (bis über die Keimblätter), damit er später mit seinem schweren Kopf nicht umknickt.

Weiße Bohnensuppe

1	Zwiebel	4 Tassen	Gemüsebrühe
1	Knoblauchzehe	1 TL	Kreuzkümmel
1	Karotte	1 Prise	Salz
1	Tomate	1 Prise	Pfeffer
1	Zucchini		etwas Zitronensaft
1 Tasse	weiße Bohnen		

Die Bohnen über Nacht in Wasser einweichen, so dass sie bedeckt sind.
Als Erstes das Gemüse waschen, putzen und schneiden. Anschließend die Bohnen mit der Brühe und dem Gemüse zum Kochen bringen. Bei niedriger Temperatur 20 Minuten garen. Danach die Suppe mit dem Pürierstab fein pürieren.
Zum Schluss mit Salz, Pfeffer, Kreuzkümmel und Zitronensaft abschmecken.

Blumenkohl oder Brokkolicremesuppe

300 g	Blumenkohl oder Brokkoli
1 TL	Salz
40 g	Butter
40 g	Mehl
¼ l	Sahne
	Salz
	Muskat

Blumenkohl in Röschen teilen, in ¾ l kochendem Salzwasser garen, abtropfen lassen, Kochflüssigkeit mit Wasser auf ¾ l auffüllen. Danach Butter zerlassen, Mehl hellgelb darin rösten. Sahne und Blumenkohlwasser hinzugießen und durch ein großes Sieb geben. Die Suppe etwa zehn Minuten köcheln lassen. Dann das Gemüse zugeben und erhitzen. (Bei TK-Blumenkohl muss man die Röschen vorher nicht mehr kochen, sondern kann sie sofort in die Suppe geben, da der Blumenkohl sowieso vorher schon blanchiert wurde und daher nur noch eine Garzeit von sechs bis zehn Minuten hat). Nun mit einem Stabmixer pürieren. Zum Schluss mit Salz und Muskat abschmecken.

400 g	Fenchel	500 ml	Gemüsebrühe
1 Stück	Lauch (30 g)		Salz
35 g	Knollensellerie		Pfeffer
1	Zwiebel	evtl.	ein paar Tropfen Zitronensaft
1 EL	Butter	½ Becher	Sahne
30 g	Mehl		Suppencroutons
50 ml	trockener Weißwein		Fenchelgrün, klein geschnitten

Fenchelcremesuppe

Fenchel waschen, mit einem Messer halbieren, den Strunk herausschneiden und in schmale Streifen schneiden. Lauch und Sellerie ebenfalls putzen, klein schneiden. Danach Zwiebel schälen, in kleine Würfel schneiden. Fenchelgrün waschen, klein schneiden.

Butter in einem Kochtopf erhitzen. Dann Zwiebelwürfel darin glasig dünsten, Lauch, Sellerie hinzugeben und mitdünsten. Zuletzt den Fenchel mit in den Topf geben. Das Mehl über das Gemüse stäuben, mit dem Kochlöffel unterheben.

Anschließend mit Gemüsebrühe und Weißwein aufgießen, aufkochen lassen und bei niedriger Hitze langsam etwa 30 bis 40 Minuten weich kochen. Nun mit dem Stabmixer pürieren.

Würzen mit Salz und Pfeffer. Mit Sahne und eventuell ein paar Tropfen Zitronensaft verfeinern.

Mit Fenchelgrün und Suppencroutons bestreut zu Tisch bringen.

Karottensuppe mit Suppenmaultäschle

300 g	Karotten
1	kleine Kartoffel
1	kleine Zwiebel
1	Knoblauchzehe
25 g	Butter
100 g	pürierte Tomaten
700 ml	Gemüsebrühe
100 ml	Sahne
	Cayennepfeffer
	Salz
250 g	Suppenmaultäschle oder Tortellini

Zuerst Karotten und Kartoffeln waschen. Dann mit der Zwiebel zusammen in dünne Scheiben schneiden oder klein würfeln.
Als Nächstes die Knoblauchzehe schälen. Butter erhitzen und darin die Zwiebel andünsten. Währenddessen die Dosentomaten, die Kartoffel- und Karottenscheiben dazugeben.
Mit Gemüsebrühe aufgießen. 20 bis 25 Minuten köcheln lassen.
Anschließend alles pürieren und die Schlagsahne unterrühren.
Das Ganze mit Cayennepfeffer und Salz abschmecken.
Suppenmaultäschle oder Tortellini dazugeben.
Zum Schluss nochmals erhitzen und garniert mit Kürbiskernöl servieren.

Kürbiscremesuppe

500 g	Kürbisfleisch	1	Gemüsebrühwürfel
2	Kartoffeln		Salz
1	Zwiebel		Pfeffer
30 g	Butter	1	Zitrone
1 l	Wasser		Kürbiskernöl

Das Kürbisfleisch würfeln, die Kartoffeln und die Zwiebel schälen und auch würfeln. Die Butter erhitzen, die Zwiebel glasig dünsten und das Gemüse darin anschwitzen.

Anschließend das Wasser aufgießen und mit dem Gemüsebrühwürfel, Salz und Pfeffer würzen. Bei mittlerer Hitze circa 30 Minuten weich kochen. Nach Ende der Garzeit alles pürieren. Einen Tropfen Zitronensaft dazugeben. Mit Kürbiskernöl und Kräutern garnieren.

Erbsensuppe mit Spinat

1 EL	Olivenöl
2	Lauchstangen
1	Knoblauchzehe
1	rote Paprikaschote
400 ml	stückige Tomaten (Dose)
1 TL	gemahlener Kreuzkümmel
750 g	Gemüsebrühe
400 g	Erbsen
2 TL	Rotweinessig
1 TL	Zucker
250 g	frischer Blattspinat
	Salz
	Pfeffer

Olivenöl erhitzen, den in feine Ringe geschnittenen Lauch bei schwacher Hitze fünf Minuten dünsten. Währendessen Paprika fein würfeln, anschließend die Paprika, die zerdrückte Knoblauchzehe und den gemahlenen Kreuzkümmel zum Lauch in den Topf geben und eine Minuten mitbraten.
Darauf die Tomaten und die Gemüsebrühe hinzufügen, bei schwacher Hitze zehn Minuten köcheln lassen.

Nun die Erbsen, den Essig und den Zucker dazugeben und weitere fünf Minuten köcheln lassen. Abschmecken mit Pfeffer und Salz.
Den gewaschenen und geputzten Spinat untermischen und noch kurz mitgaren, bis der Spinat zusammenfällt.

Herbst

Kürbisrohkost mit Äpfeln und Karotten

200 g	Kürbisfleisch	½ Zitrone	Saft
200 g	Karotten		Salz
200 g	Äpfel		Pfeffer
100 ml	Sahne		Zucker
150 g	Joghurt	50 g	gehackte Nüsse
			Petersilie, gehackt

Zuerst die Äpfel und die Karotten schälen, Äpfel entkernen. Darauf das Kürbisfleisch, die Karotten und die Äpfel grob raspeln. Die Sahne steif schlagen und den Joghurt mit Zitronensaft zu einer Creme verrühren, würzen, evtl. mit etwas Zucker abschmecken.

Den Rohkostsalat mit der Creme mischen und mit den gehackten Nüssen und der Petersilie bestreuen.

Blumenkohlsalat roh

1 Kopf	Blumenkohl
	Marinade
150 ml	Schlagrahm
5 EL	Essig
	Salz
	Pfeffer
½ TL	Curry
2 EL	Worcestersoße
½ Bund	glatte Petersilie

Blumenkohl für zehn Minuten in Salzwasser einlegen, damit evtl. Bewohner verscheucht werden. Schlagrahm mit Essig, Salz, Pfeffer, Curry und Worcestersoße in einer großen Schüssel verrühren. Den Blumenkohl abtropfen lassen und anschließend in die Salatmarinade fein einhobeln.

Danach alles vermengen und den Salat circa 20 Minuten durchziehen lassen.

Abschließend die Petersilie fein hacken und unter den Salat ziehen.

Salat anrichten und mit Petersilie garniert servieren.

Topinambur-Möhren-Salat

5	dicke Topinamburknollen
2	große Möhren
2	Äpfel
4 EL	Apfelessig
4 EL	Apfelsaft oder Wasser
4 EL	Rapsöl
1 EL	Meerrettich, geraspelt
	Kräutersalz
	Pfeffer
2 EL	Kresse oder Brunnenkresse

Aus Essig, Meerrettich, Pfeffer, Apfelsaft und Öl eine Marinade herstellen.

Topinamburknollen abbürsten, Möhren schälen, Apfel vom Gehäuse befreien und alles fein raspeln. Sofort die Marinade über das Gemüse geben und vermengen. Kurz durchziehen lassen.

Zum Schluss noch fein gehackte Kresse zugeben.

Tipp:

1 Schlag saure Sahne macht den Salat zu einer erfrischenden Frühjahrsbeilage zu jedem Essen.

Gefüllter Kürbis mit Pfiff

4	mittelgroße Hokkaidokürbisse (à 400 g)	Sauerrahm-Creme:	
500 g	Gemüsezwiebeln	400 g	Sauerrahm
2	Knoblauchzehen		Kräutersalz
3 EL	Sonnenblumenöl		Paprika, edelsüß
2 TL	Kräutersalz		Pfeffer
5 EL	Zwiebelröhrle „Schnattra" oder Frühlingszwiebeln		
150 g	mittelalter Bergkäse		

Herbst

Zuerst den Ofen auf 175° Heißluft vorheizen. Die Kürbisse waschen und den Deckel auf 2/3 Höhe abschneiden und entkernen. Das Kürbisfleisch bis auf eine 1 bis 2 cm dicke Wand auslösen. Den Kürbis innen leicht salzen. Dann den Deckel zusammen mit dem ausgelösten Fruchtfleisch raspeln. Gemüsezwiebeln, Zwiebelröhrle und Knoblauch fein würfeln und im heißen Öl kräftig dünsten.
Nun Kürbisraspeln hinzugeben und vom Herd nehmen. Mit Salz, Pfeffer und Paprika gut würzen. Dann den Bergkäse fein reiben und unter die Füllung mischen. Anschließend die Masse in die Kürbisse füllen und den Deckel darauflegen.
Das Ganze auf ein Backblech stellen, mit Alufolie bedeckt bei 175° C 50 bis 60 Minuten backen, bis die Kürbisse weich sind.

Sauerrahm-Creme:
Den Sauerrahm mit dem Handrührgerät dick und cremig schlagen.
Mit Kräutersalz, Pfeffer und Paprika pikant würzen.
Die Creme schmeckt traumhaft zum Kürbis.

Beilagen:
Backkartoffeln oder Reis,
Rote-Rüben-Rohkost

Allgäuer Kräuterstrudel

150 g	Weizenvollkornmehl
150 g	Mehl Type 1050
	Salz
4 EL	Öl
150 ml	lauwarmes Wasser
1	Eigelb

Fülle:

125 g	weiße Bohnen
700 g	Sauerkraut
1	große Zwiebel
1-2	Knoblauchzehen
3 EL	frischer oder
1 EL	getrockneter Majoran
2 EL	Öl
1	Paprikaschote
1/8 l	Gemüsebrühe
	Pfeffer
1 EL	Kümmel, ganz
125 g	Sauerrahm
½ TL	Paprika, edelsüß
40 g	Butter, zerlassen
3	große Kartoffeln

Weiße Bohnen über Nacht im Wasser (bedeckt) einweichen.
Strudelteig herstellen:
Dazu Mehl, Wasser, Öl, Salz und Eigelb in eine Schüssel geben und mit den Knethaken einen glatten Teig kneten. Zu Kugeln formen und abgedeckt eine halbe Stunde ruhen lassen.

Bohnen in 400 ml Wasser circa 30 Minuten weich kochen.

Zwiebel und Knoblauch fein würfeln, in der Pfanne andünsten. Frischen Majoran fein hacken. Sauerkraut und Majoran zugeben, fünf Minuten schmoren, mit Brühe aufgießen und zehn Minuten garen. Mit den Gewürzen pikant abschmecken. Sauerrahm mit Paprika verrühren und unter die abgekühlte Krautfüllung geben. Die gekochten Bohnen zugeben.

Strudelteig auf dem Tuch ausziehen, mit zerlassener Butter bestreichen, die Fülle darauf verteilen, Kartoffeln auf die Fülle reiben, Strudel aufrollen und in eine gefettete Reine geben.

Bei 175° C etwa 40 Minuten backen, ab und zu mit Butter bestreichen, damit der Strudel knusprig wird.

Allgäuer Gemüsestrudel

Nudelteig:

250 g	Mehl
2 EL	Öl
1	Ei
1/8 l	Wasser
1 Prise	Salz

Füllung:

750 g	Gemüse (Karotten, Weißkraut, Paprika, Champignons)
1-2	Zwiebeln
3 EL	Öl
1	Knoblauchzehe
2	Eier
	Salz
	Pfeffer
½ Becher	Crème fraîche
150 g	Bergkäse, gerieben

Als Erstes alle Zutaten des Nudelteigs mit dem Knethaken des Handrührgerätes zu einem weichen geschmeidigen Teig verarbeiten. Anschließend den Teig zu einer Kugel formen und diese mit wenig Öl bestreichen. Eine Metallschüssel mit heißem Wasser ausspülen und über die Teigkugel stülpen. Den Teig mindestens 15 Minuten ruhen lassen. Währenddessen Gemüse waschen, putzen, schälen und in kleine Würfel schneiden. Die Zwiebel würfeln und im Öl glasig dünsten. Darauf das Gemüse und die gepresste Knoblauchzehe andünsten. Alles circa zehn bis fünfzehn Minuten garen und evtl. mit wenig Wasser aufgießen.

Danach Eier und Crème fraîche miteinander verrühren und unter die erkaltete Gemüsefüllung geben. Mit Salz und Pfeffer abschmecken. Nun die Gemüsefüllung gleichmäßig auf der ausgezogenen Strudelplatte verteilen und mit Bergkäse bestreuen. Zum Schluss Strudel zusammenrollen und mit flüssiger Butter bestreichen. Bei 200° C circa 30 bis 40 Minuten backen.

Gemüseküchle mit Tomatensoße

Gemüseküchle:	
je 500 g	Gemüse nach Wahl (z. B. Karotten, Brokkoli, Erbsen, Blumenkohl)
1	Zwiebel
½ Tasse	Wasser
1 EL	Gemüsebrühe (Instant)
3	Eier
6 EL	Semmelbrösel
1	Knoblauchzehe
1 EL	Olivenöl zum Braten
Tomatensoße:	
500 g	Tomaten
1	Zwiebel, gewürfelt
2 EL	Butter
	Salz
	Pfeffer
	Zucker
	Oregano

Gemüseküchle:
Zuerst das Gemüse klein schneiden. In einem Topf das Öl erhitzen und die klein gewürfelte Zwiebel anschwitzen. Danach Gemüsebrühe mit Wasser verrühren. Das Gemüse (Gemüsesorten nicht vermischen) und Gemüsebrühe dazugeben und zugedeckt fünf bis zehn Minuten garen. Dann die Gemüsebrühe abgießen.
Anschließend die Semmelbrösel und die Eier in die etwas abgekühlte und jeweils nach Gemüsesorte getrennte Gemüsemasse rühren. Im Mixer kurz durchmixen, aber nicht fein pürieren. Eventuell noch mit Salz und Pfeffer würzen.
Mit nassen Händen jeweils einen gehäuften Esslöffel Gemüsemasse zu einer Kugel formen, leicht in Semmelbrösel wenden und daraus ein Küchle formen.
Danach in Öl bei mittlerer Hitze acht bis zehn Minuten braten, zwischendurch immer wieder wenden. Zum Schluss mit Tomatensoße servieren.

Tomatensoße:
Die gewürfelte Zwiebel in Butter andünsten, die in kleine Würfel geschnittenen Tomaten zugeben, würzen und bei mittlerer Hitze vorsichtig, evtl. mit ein paar Löffeln Wasser, sieben Minuten weich kochen. Anschließend das Ganze pürieren, nochmals abschmecken und den gehackten Oregano zugeben.

Gemüse-Eintopf

600 g	Kohlrabi
700 g	Blumenkohl
400 g	Karotten
600 g	Kartoffeln
1	Zwiebel
2 EL	Butter
1 ½ l	Instant-Gemüsebrühe
	frischer Koriander
	Salz
	Pfeffer
2 TL	gemahlener Koriander
2 EL	Kürbiskerne

Zuerst das Gemüse waschen und putzen. Darauf den Blumenkohl in Röschen teilen, die Karotten in Scheiben, Kartoffeln und Kohlrabi in Würfel schneiden. Zwiebel schälen und fein würfeln. Danach die Butter in einem Topf erhitzen und die Zwiebel darin glasig dünsten.
Nun das Gemüse zufügen und kurz andünsten. Alles mit Brühe ablöschen. Dann den frischen , fein gehackten Koriander und die Gewürze zugeben. Circa 20 Minuten bei niedriger Hitze köcheln lassen.

Nun den fertigen Eintopf mit gemahlenem Koriander würzen.
Zum Schluss anrichten und mit Kürbiskernen bestreuen.

Herbst

Allgäuer Käseauflauf

1	Pastinake
½ Kopf	Brokkoli
1	Gelbe Rübe
6	Eier
250 g	geriebener würziger Emmentaler
5 EL	Sonnenblumenöl
6 EL	Milch
4 EL	Mehl
1 TL	Paprika, edelsüß
1 Bund	Petersilie

Gemüse waschen, Röschen des Brokkoli abschneiden, Pastinake und gelbe Rübe sowie den Strunk des Brokkoli schälen, in Würfel schneiden. Gemüse ohne Röschen in Salzwasser etwa zehn Minuten bissfest garen. Zuletzt die Röschen fünf Minuten mitgaren. Kochwasser abgießen. Gemüse in eine gefettete Auflaufform geben.

Eier trennen, Eiweiß steif schlagen. Petersilie fein hacken.

In der Rührschüssel Eigelbe mit geriebenem Käse, Öl, Milch und Mehl verquirlen. Paprika und Petersilie zugeben. Eischnee unterziehen.

Käsemasse über das Gemüse geben und im vorgeheizten Ofen bei 175° C etwa 20 Minuten backen.

Mangold-Kürbis-Lasagne

Als Erstes den Hokkaidokürbis waschen, entkernen und in Würfel schneiden. Die Mangoldstauden (oder den Wirsing) waschen und in breitere Streifen schneiden. Mengenmäßig sollte es etwa gleich viel sein wie der Kürbis.
Nun den Knoblauch schälen und durch die Knoblauchpresse drücken.
Als Nächstes circa zwei Esslöffel Olivenöl in einem Topf heiß werden lassen und den Kürbis hineingeben. Bei mittlerer Hitze circa drei Minuten anbraten, dabei immer mal wieder umrühren.

1	mittelgroßer Kürbis (Hokkaido)	wenig Olivenöl
2	Mangoldblätter oder ¼ Wirsing	Kurkuma
1	Knoblauchzehe	Salz
250 ml	Gemüsebrühe	Pfeffer
200 g	geriebener Parmesan / würziger Bergkäse	Oregano, frisch
300 g	Crème fraîche	Muskat
½ P.	Lasagne	Paprikapulver, edelsüß
1 Kugel	Mozzarella	Pfeffer

Nun Knoblauch, Mangold und die Gewürze wie Kurkuma, Oregano, süßes Paprikapulver, Pfeffer und auf jeden Fall einiges an Muskatnuss dazugeben. Alles miteinander verrühren und circa eine Minute anrösten.
Anschließend mit Gemüsebrühe aufgießen und zugedeckt leicht köcheln lassen. Das Gemüse sollte noch Biss haben.
Vom Herd nehmen, circa drei Viertel der Parmesanmenge und drei Viertel der Crème fraîche unterrühren.
Eine Auflaufform einfetten. Nun eine Lage des Gemüses mit Soße in der Form verteilen. Darauf eine Lage Lasagneblätter.
Nun immer abwechselnd Lasagneblätter, Gemüse und Soße schichten, bis das Gemüse aufgebraucht ist.
Dabei immer darauf achten, dass die Nudelplatten überall mit Füllung bedeckt sind. Als oberste Schicht mit Nudelplatten abschließen und diese mit der restlichen Crème fraîche bestreichen. Den restlichen Parmesan darüberstreuen. Eine Kugel Mozzarella in Scheiben schneiden und darauf verteilen.

Die Lasagne auf der mittleren Schiene im Ofen circa 30 Minuten backen, bis die Oberfläche schön gebräunt ist.

250 g	Spaghetti
400 g	frischer Blattspinat
1 EL	Olivenöl
1	Zwiebel
1	Knoblauchzehe
100 g	Sahne
50 g	Schmand
1 TL	Gemüsebrühe (Instant)
	Salz
	Curry
	Chilipulver

Spaghetti mit Spinat-Sahne-Soße

Spaghetti bissfest kochen. Blattspinat nur kurz abspülen und trocken schütteln. In einem Topf Olivenöl erhitzen. Zwiebel schälen, in kleine Würfel schneiden und in Olivenöl andünsten. Knoblauch pressen und zufügen.

Blattspinat zugeben, den Deckel auflegen und bei mittlerer Temperatur circa zehn Minuten dünsten. Deckel abnehmen, Sahne und

Schmand hinzufügen und leicht köcheln lassen. Mit Curry, Chilipulver und Gemüsebrühe würzen. Zu den Spaghetti reichen.

Makkaroni-Auflauf mit Spinat

350 g	Makkaroni	35 g	Mehl
3 EL	Öl	600 ml	Milch
1 kg	frischer Blattspinat	100 g	Ziegenfrischkäse
80 g	Zwiebeln	40 ml	Zitronensaft
1	Knoblauchzehe	1 Prise	Zucker
50 g	Butter		Pfeffer
100 g	Parmesan / würziger Bergkäse		Muskat
			Salz

Makkaroni in reichlich Salzwasser kochen, abgießen. Mit einem Esslöffel Öl mischen, damit sie nicht zusammenkleben. Spinat putzen, waschen und abgetropft in kochendem Salzwasser ein bis zwei Minuten zusammenfallen lassen. Dann mit einer Schaumkelle herausnehmen, kalt abschrecken, gut ausdrücken und grob zerschneiden. Zwiebel klein würfeln, Knoblauch fein hacken. Zehn Gramm Butter und restliches Öl in einer Pfanne erhitzen. Zwiebel und Knoblauch darin glasig dünsten. Spinat zugeben und kurz mitdünsten. Mit Salz, Pfeffer und Muskat würzen und beiseite stellen. Parmesan reiben.

Für die Zitronen-Béchamelsoße die restliche Butter in einem Topf schmelzen. Mit Mehl bestäuben und kurz anschwitzen. Milch zugeben und glatt rühren. Soße zehn Minuten bei milder Hitze unter Rühren kochen. Ziegenfrischkäse und Zitronensaft unterrühren und weitere fünf Minuten bei milder Hitze kochen. Mit Salz, Pfeffer, einer Prise Zucker und Muskat würzen.

Eine rechteckige Auflaufform mit etwas Butter einstreichen. Abwechselnd der Länge nach Makkaroni, Spinat und etwas Béchamelsoße einschichten, mit Soße abschließen. Den Auflauf mit geriebenem Parmesan bestreuen und im vorgeheizten Ofen bei 180° C (Umluft nicht empfehlenswert) circa 35 bis 40 Minuten goldbraun backen und nach dem Ende der Garzeit noch zehn Minuten ruhen lassen.

Ravioli mit Steinpilzfüllung in Salbeibutter

Für den Nudelteig:

300 g	Mehl
3	Eier
2 EL	Olivenöl
½ TL	Salz

Für die Füllung:

1	Zwiebel
1	Knoblauchzehe
250 g	Steinpilze (Champignons)
30 g	Butter
	Salz, Pfeffer
2 EL	gehackte Petersilie
100 g	Quark
2 EL	geriebener Parmesan / würziger Bergkäse
evtl. 2 EL	geriebene Walnusskerne

Für die Salbeibutter:

100 g	geriebener Parmesan / würziger Bergkäse
2-3	Salbei-Stiele
40 g	Butter

Zuerst für den Nudelteig Mehl durchsieben. Dann die Eier und das Olivenöl und zwei bis drei Esslöffel Wasser dazugeben, salzen und alles zu einem geschmeidigen Teig verkneten. Zugedeckt 20 Minuten ruhen lassen.
Für die Füllung Zwiebel und Knoblauch fein würfeln. Anschließend die Steinpilze putzen und fein hacken. Die Butter in einer heißen Pfanne zerlassen. Die Zwiebel- und Knoblauchwürfel glasig dünsten. Dann die Steinpilze dazugeben und fünf Minuten schmoren lassen. Die Füllung salzen, pfeffern und abkühlen lassen. Zuletzt mit Quark, Nüssen, Petersilie und Parmesan vermischen.

Nudelteig in zwei Portionen teilen. Beide Portionen zu einer dünnen Teigplatte ausrollen. Als Nächstes mit einem Ravioli-Ausstecher Kreise ausstechen und mit Eiweiß bestreichen. In die Mitte der ausgestochenen Kreise einen Teelöffel Füllung geben und anschließend von beiden Seiten zusammenklappen, an den Rändern nochmals gut zusammendrücken. Nun in einem großen Topf reichlich Salzwasser zum Kochen bringen und die Ravioli darin sechs bis sieben Minuten kochen. Nach der Kochzeit herausnehmen und abtropfen lassen.

Für die Salbeibutter die Butter zerlassen und den klein geschnittenen Salbei zugeben. Zum Anrichten die Salbeibutter über die Ravioli geben und den geriebenen Parmesan darüberstreuen.

Waldpilz-Pasta

300 g	Waldpilze (z.B. Steinpilze oder Pfifferlinge)	200 g	Sahne
500 g	Bandnudeln (Tagliatelle)	1 Beutel	frisch geputzter Feldsalat
1	Zwiebel		Salz, Pfeffer
1 EL	Öl	n.B.	Tabasco
		200 ml	Gemüsebrühe (Instant)

Tagliatelle nach Packungsangabe im Salzwasser garen.
Öl in einer Pfanne erhitzen, die klein geschnittene Zwiebel glasig dünsten, die geschnittenen Pilze dazugeben und weiterdünsten. Mit Brühe und Sahne ablöschen, mit Salz, Pfeffer, Tabasco würzen. Pilzsoße unter die fertigen Tagliatelle mischen. Dann den Feldsalat unterheben und sofort servieren.

Brokkoli-Cannelloni

16	Cannelloni
	Salz
350 g	frischer oder tiefgekühlter Brokkoli
150 g	Mozzarella
150 g	Gorgonzola
200 g	Mascarpone
50 g	geriebener Bergkäse

Tomatensoße:

1 EL	Olivenöl
1	Zwiebel
1 Dose	stückige Tomaten
2	Lorbeerblätter
	Salz
	Zucker
	Pfeffer

Zuerst die Tomatensoße aus den links genannten Zutaten zubereiten und kochen.
Für die Brokkolifüllung den Gorgonzola und Mozzarella in kleine Stücke schneiden und mit Mascarpone gut mischen. Dann den Brokkoli putzen, klein hacken und unter die Käsemischung geben, mit Salz und Pfeffer abschmecken.
Die Cannelloni mit der Masse füllen.
Die Hälfte der Tomatensoße in eine gefettete Auflaufform geben, Cannelloni nebeneinander darauflegen und die restliche Tomatensoße darüber verteilen.
Zuletzt den Bergkäse darüberstreuen und bei 200° C circa 35 Minuten backen.
Tipp: Genauso gut kann eine frische Tomatensoße dafür hergestellt werden.

Kürbis-Ravioli

300 g	Mehl		Salz , Pfeffer
3	Eier	60 g	Parmesan, frisch gerieben / würziger Bergkäse
2 EL	Olivenöl	1	Eigelb
½ TL	Salz		Muskat
400 g	Kürbisfleisch (vornehmlich Hokkaido)	50 g	Butter
1 EL	Butter	8 Blätter	Salbei
1 kleine	Zwiebel		

Mehl, Eier, Öl und zwei bis fünf Esslöffel Wasser zu einem geschmeidigen Teig verarbeiten und mit Klarsichtfolie eingewickelt 20 Minuten im Kühlschrank ruhen lassen. In der Zwischenzeit Kürbis putzen und in Würfel schneiden. Butter zerlassen und die gewürfelte Zwiebel darin glasig braten. Kürbiswürfel dazugeben, salzen und pfeffern und ganz weich kochen; aber ohne Deckel - das Kürbiswasser muss verdunsten können.

Der Kürbis ist perfekt, wenn eine festere Püreemasse im Topf ist. Das dauert circa 20 Minuten. Danach den Parmesan und das Eigelb unterheben. Mit einem Hauch Muskatnuss abschmecken.

Nudelteig ausrollen und die Ravioli füllen. Die Ränder mit Eiweiß bestreichen und mit einer Gabel gut zudrücken.

In Salzwasser circa zwei bis vier Minuten garen. Abtropfen lassen und warm halten. Butter in einer kleinen Pfanne erhitzen und die Salbeiblätter bei milder Hitze darin braten. Mit etwas Salz und Pfeffer sowie ein bis zwei Tropfen Zitronensaft abschmecken. Über die Ravioli geben und mit einigen Parmesanspänen servieren.

Maultaschen mit Lauch-Tomaten-Gemüse

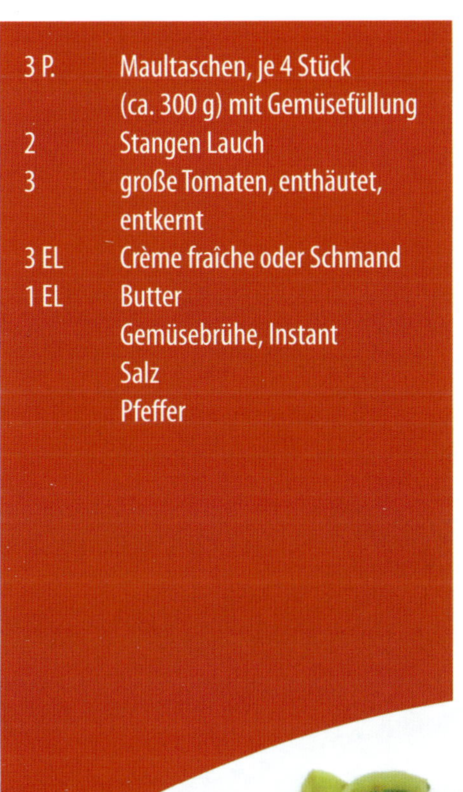

3 P.	Maultaschen, je 4 Stück (ca. 300 g) mit Gemüsefüllung
2	Stangen Lauch
3	große Tomaten, enthäutet, entkernt
3 EL	Crème fraîche oder Schmand
1 EL	Butter
	Gemüsebrühe, Instant
	Salz
	Pfeffer

Den Lauch waschen, putzen. Die Stangen halbieren und in Stücke schneiden. In einer großen Pfanne etwas Butter zum Schmelzen bringen und den Lauch darin kurz anbraten. Die Tomaten kurz in einen Topf mit heißem Wasser geben, dann herausnehmen. Häuten, in Stücke schneiden und zum Lauch geben.
Mit Schmand oder Crème fraîche vermischen, mit Gemüsebrühe, Salz, Pfeffer abschmecken und bei geringer Hitze kurz weiterdünsten (evtl. mit einem Schuss Wasser).
Die Maultaschen nach Packungsanweisung in kochendem Wasser erwärmen. Anschließend in einer Pfanne mit 1 EL Butter beidseitig etwas anbraten. Zum Schluss das Lauch-Tomaten-Gemüse darübergeben und servieren.

Tortellini-Auflauf mit Gemüse

400 g	frische Tortellini mit Spinat-Ricotta-Füllung
5	Karotten
400 g	Brokkoli
400 ml	Sahne
400 ml	Milch
300 g	geriebener Käse
	Salz, Pfeffer, Paprikapulver
	Petersilie
n. B.	Soßenbinder oder Speisestärke

Die Karotten schälen und in Scheiben schneiden.
Den Brokkoli putzen und in kleine Röschen zerteilen.
Sahne und Milch in einen Topf geben, die Karotten zufügen und circa drei Minuten köcheln lassen. Danach den Brokkoli und die Tortellini zugeben und mit Salz, Pfeffer, Paprika und Petersilie würzen. Für weitere zwei bis drei Minuten köcheln lassen.
Die Tortellini und das Gemüse mit einer Kelle entnehmen und in eine Auflaufform geben.
Die Soße mit Stärke andicken und über die Tortellini und das Gemüse verteilen, mit Käse bestreuen und bei 180° C im Ofen überbacken, bis der Käse goldgelb ist.

Cannelloni mit Gemüse-Füllung

250 g	Cannelloni
300 g	Karotten
200 g	Zwiebeln
1	Knoblauchzehe
400 g	frischer Spinat, gehackt (evtl. auch TK)
150 g	Käse , gerieben
1 Becher	Hüttenkäse

Für die Béchamelsoße:

20 g	Butter
20 g	Mehl
500 ml	Milch
	Salz
	Pfeffer
	Muskat

Karotten, Zwiebeln und Knoblauch klein hacken und in einer Pfanne andünsten. Den Spinat und den Hüttenkäse dazugeben. Mit Salz und Pfeffer würzen. Die Hälfte des Reibkäses unter die Masse mischen. Die Pfanne beiseite stellen.
Aus der Butter, dem Mehl und der Milch eine Béchamelsoße erstellen und die Hälfte des übrig gebliebenen Reibkäses hineinrühren. Mit Salz, Pfeffer und Muskat würzen.
Ofen auf 200° C vorheizen. Die rohen Cannelloni mit der Gemüsemasse füllen. Am besten geht es mit einer Spritztülle und dem Spritzbeutel. Die gefüllten rohen Cannelloni in eine Auflaufform schichten. Die Käsebéchamel darübergießen und mit dem verbliebenen Reibkäse bestreuen.
Im Ofen circa 30 bis 40 Minuten backen, bis die Käseschicht schön gebräunt ist.

Gemüselasagne mit Brokkoli

2	Zwiebeln
2	Knoblauchzehen
1 EL	Öl
750 g	Möhren
700 g	Brokkoli
6 EL	Butter
1 Bund	Petersilie
	Salz
	Pfeffer
	geriebene Muskatnuss

Béchamelsoße:

2 EL	Mehl
3 EL	Butter
1 l	Milch
	wenig Zitronenschale
	Salz
	Pfeffer
16	rohe Lasagneblätter
100 g	geriebener Bergkäse

Für die Béchamelsoße Mehl in die heiße Butter rühren. Milch unter Rühren zugießen. Für den Geschmack Zitronenschale zugeben. Mit Salz, Pfeffer und Muskatnuss würzen. Soße ca. fünf Minuten unter Rühren kochen lassen und die Zitronenschale entfernen.
Anschließend die Karotten putzen, schälen und in lange Streifen schneiden. Zuerst die Zwiebel und den Knoblauch schälen und ganz fein würfeln. Zwiebel und Knoblauch in Butter andünsten, dann erst die Karotten zugeben. Anschließend etwas Wasser zugießen und mit Salz und Pfeffer würzen. Nun die Petersilie waschen, hacken und untermischen.
Als Nächstes den Brokkoli waschen, Stiele klein würfeln, Röschen klein schneiden. Alles in Salzwasser weich kochen, abgießen, kalt abschrecken und in der restlichen Butter wenden. Das Ganze mit Salz, Pfeffer und Muskat würzen.

Eine Auflaufform fetten und den Boden mit der Soße bedecken. Eine Schicht Lasagneblätter in die Form legen. Darauf die Hälfte der Möhren schichten und mit etwas Soße übergießen. Eine weitere Schicht Nudeln darauflegen und leicht mit Soße bedecken. Nun den Brokkoli einschichten, darüber wieder Soße, dann Lasagneblätter und wieder eine dünne Schicht Soße. Nun die restlichen Möhren einschichten, mit etwas Soße begießen. Die übrigen Nudeln auflegen, restliche Soße darübergießen und den Käse aufstreuen. Lasagne etwa 40 Minuten backen.

Gemüselasagne mit Kohlrabi und Lauch

Kohlrabi und Karotten schälen und in kleine Stifte schneiden, ebenso die Zucchini und Paprika. Lauch waschen, putzen und in feine Halbringe schneiden. Champignons blättrig schneiden. Zwiebel würfeln und in Öl glasig dünsten, Gemüse zugeben; Gemüsebrühe zugießen und circa fünf Minuten dünsten lassen. Abschmecken und klein geschnittenes Basilikum unterheben.

Für die Soße Butter erhitzen, Mehl zugeben und hell anschwitzen. Flüssigkeit zugießen unter ständigem Rühren, Lorbeerblatt und Gewürze zugeben, unter Rühren aufkochen, circa eine Minute köcheln lassen.
Auflaufform fetten, etwas Soße auf den Boden geben, Lasagneblätter darüber auslegen, abwechselnd Gemüse, Lasagneblätter und Béchamelsoße einschichten, die letzte Schicht soll wieder Soße sein. Geriebenen Käse darüberstreuen.
Circa 30 Minuten bei 200° C im Umluftofen backen.

1	Zwiebel
3 EL	Olivenöl
150 g	Karotten
1	dünne Stange Lauch
1	Zucchini
1	Kohlrabi
1	Paprika
150 g	Kräuterseitlinge oder Champignons
1	Knoblauchzehe
100 ml	Gemüsebrühe (Instant)
	Salz, Pfeffer
etwas	frisches Basilikum

Béchamelsoße:

40 g	Butter
40 g	Mehl
250 ml	Milch
250 ml	Wasser
½	Brühwürfel (Instant)
	Salz
	Pfeffer
	Muskat
	Lorbeerblatt
	Lasagneblätter
150 g	geriebener Käse

Herzhafter Flammkuchen

Pfifferlinge putzen, Zwiebel in kleine Würfel schneiden. Knoblauch durchpressen. In einer Pfanne die Zwiebelwürfel in der Butter glasig dünsten. Knoblauch und Pfifferlinge dazugeben. Bei kleiner Hitze circa fünf Minuten dünsten. Salzen und pfeffern. Petersilienblätter waschen, abzupfen. Mit der Crème fraîche in einem Mixer pürieren, mit Salz und Pfeffer kräftig würzen.

Pizzateig oder Flammkuchenteig auf einem mit Backpapier belegten Backblech ausbreiten. Mit der Petersiliencreme bestreichen. Pfifferlinge auf dem Flammkuchen verteilen. Im vorgeheizten Backofen bei 180° C circa 20 Minuten backen. Flammkuchen herausnehmen und mit gehobeltem oder geriebenem Parmesan bestreuen.

300 g	Pfifferlinge	1 Bund	Petersilie, glatt
2	Zwiebeln /Schalotten	200 g	Crème fraîche
1	Knoblauchzehe	1 P.	Flammkuchenteig
2 EL	Butter		oder Pizzateig aus dem Kühlregal
	Salz		Parmesan oder würziger Bergkäse
	Pfeffer		

Spinat-Calzone mit Pilzen

Füllung:

250 g	Pfifferlinge
250 g	Blattspinat
2	Lauchzwiebeln
12	Kirschtomaten

Teig:

1 P.	Trockenhefe
350 g	Mehl
3 EL	Olivenöl
1 TL	Salz
200 ml	Wasser

Außerdem:

2 EL	Butter
	Salz
	Pfeffer
1	Knoblauchzehe, zerdrückt
120 g	Bergkäse (in Scheiben)

Pfifferlinge säubern, Spinat putzen, kurz blanchieren.
Spinat ausdrücken, grob hacken, Lauchzwiebeln und Tomaten waschen. Lauchzwiebeln in Ringe schneiden, Tomaten halbieren.
Hefeteig zubereiten und alles zu einem glatten geschmeidigen Teig verkneten. In vier gleich große Portionen teilen und jeweils zu einem Kreis (20 cm Durchmesser) ausrollen.
In einer Pfanne Butter zerlassen, Pfifferlinge dazugeben, einige Minuten darin anschwitzen. Mit Salz, Pfeffer und Knoblauch würzen, Spinat hinzufügen. Lauchzwiebeln ebenfalls dazugeben.
Masse abkühlen lassen und auf die vier Teigkreise verteilen.
Tomaten daraufgeben und mit dem Käse belegen.
Zusammenklappen, die Ränder dabei leicht andrücken.
Die Oberseiten mit einer Gabel mehrmals einstechen. Teigtaschen auf ein mit Backpapier belegtes Blech legen. Im vorgeheizten Backofen bei 180° C circa 20 Minuten backen.

Gemüse-Pizza

350 g	Mehl	**Zum Belegen:**
1 Prise	Salz	frische Pilze
1 P.	Trockenhefe	(Steinchampignons)
200 ml	Wasser	grüne und rote Paprika
		Tomaten
½ Dose	Tomatenpüree	rote Gemüsezwiebeln
etwas	Pizzagewürz oder	Knoblauchzehe
	frischer Oregano	geriebener Emmentaler

Hefeteig herstellen, circa sieben Minuten kneten und 30 Minuten gehen lassen.
Nochmals kurz durchkneten und auf einem leicht gefetteten Backblech ausrollen. Wieder zehn Minuten gehen lassen.
Dann den Hefeteig mit dem Tomatenpüree dünn bestreichen, Pizzagewürz darüberstreuen.
Pilze, Tomaten, Zwiebeln und Paprika in dünne Streifen schneiden. Den Knoblauch durchpressen.
Den Teig zuerst mit den Zwiebelringen und Paprikastreifen belegen und würzen. Dann Pilze, Knoblauch und Tomaten darauf verteilen, nochmals würzen und mit dem geriebenen Käse bestreuen.
Im vorgeheizten Ofen bei 250° C auf der untersten Backleiste 25 bis 30 Minuten backen.

Gefüllte Äpfel auf Salat

4	rote Äpfel, je ca. 150 g
100 g	Weichkäse
80 g	Magerquark
2 EL	Emmentaler, gerieben
2 EL	Walnüsse, gehackt
	Salz
2 EL	Kräuter, gemischt
1 Kopf	Salat, z.B. Eichblatt

Marinade:

2 EL	Essig
	Salz
	Pfeffer
2 EL	Sonnenblumenöl
	frische Kräuter

Äpfel waschen, halbieren und Kernhaus entfernen. Die Äpfel mit der Schnittfläche nach oben in eine gefettete Auflaufform setzen. Weichkäse, Quark, Reibkäse, gehackte Walnüsse und Gewürze in einer Schüssel mischen und pikant abschmecken.
Die Apfelhälften damit füllen.

Etwa 20 Minuten bei 200° C im Ofen backen.

In der Zwischenzeit Salat vorbereiten und mundgerecht zerteilen. Eine Marinade herstellen, Salat marinieren, auf einer Platte anrichten und die gebackenen Apfelhälften daraufgeben. Sofort servieren. Schmeckt sowohl warm als auch kalt.

Herbst

Gefüllte Zucchini

4	Zucchini	60 ml	Milch, heiß
200 g	Champignons		Salz, Muskat gemahlen
1	Bund Lauchzwiebeln		
30 g	Butter	**Tomatensoße**	
250 g	Kräuterfrischkäse	400 g	frische, passierte Tomaten
200 g	Bergkäse, gerieben	30 g	Butter
	Salz	1	Zwiebel
	Pfeffer	1	Gemüsebrühwürfel (Instant)
			Basilikum
Kartoffelpüree		1	Knoblauchzehe
250 g	Kartoffeln (mehligkochend)	1 EL	Zucker
	Salzwasser		Salz
1 EL	Butter		Pfeffer

Kartoffeln schälen, vierteln und circa 20 Minuten kochen lassen.

Zucchini quer halbieren und das Kernhaus entfernen und leicht aushöhlen. Champignons putzen und in Streifen, die Lauchzwiebeln in Ringe schneiden.
Lauchzwiebeln und Champignons kurz anbraten. Mit Salz und Pfeffer würzen und mit dem Frischkäse vermengen.
Salzkartoffeln heiß durch die Kartoffelpresse pressen, Butter zugeben und mit dem Rührgerät verrühren. Anschließend die heiße Milch langsam einrühren und abschmecken.
Gemüsemasse und das gewürfelte Zucchinifleisch mit dem fertigen Kartoffelpüree vermischen und in die ausgehöhlten Zucchini füllen.
Mit dem geriebenen Käse bestreuen. Bei 180° C Umluft circa 45 Minuten im Backofen überbacken.

Für die Tomatensoße die Zwiebeln würfeln und in Butter glasig dünsten. Mit den passierten Tomaten aufgießen.
Den durchgepressten Knoblauch, Salz, Pfeffer, Zucker und das zerkleinerte Basilikum zugeben. Zwei Minuten kochen lassen, eventuell nochmals pürieren und abschmecken.

Zucchinikuchen

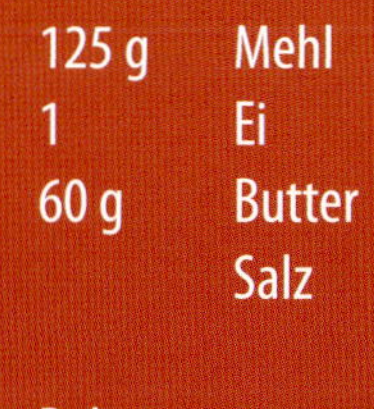

Aus Mehl, Butter, Ei und Salz einen Mürbteig kneten, kalt stellen. Eine Springform (28 cm) oder Pie-Form damit auskleiden.
Petersilie fein hacken. Zucchini in Stifte, Paprikaschote in kleine Stücke schneiden und vermischen. Die Füllung auf dem Teig verteilen.

Eier mit Milch und Gewürzen verrühren und über die Zucchini gießen. Käse und Haselnusskerne darüberstreuen. Bei 200° C circa 45 Minuten backen.

Dazu schmeckt ein gemischter Salat

125 g	Mehl
1	Ei
60 g	Butter
	Salz
Belag:	
600 g	Zucchini
1	Paprikaschote, rot
4	Eier
1	Meerrettich, gerieben
1 EL	Zitronensaft
4 EL	Petersilie
450 ml	Milch
150 g	Käse, gerieben
4 EL	Haselnüsse, gehobelt
150 g	mittelalter Allgäuer Bergkäse

Rosmarin-Kartoffeln mit Schafskäse

800 g	Kartoffeln	2	Knoblauchzehen
200 g	Schafskäse	2	Zweige Rosmarin
1	Paprika, rot	200 ml	Gemüsebrühe

Kartoffeln in der Schale kochen, schälen und vierteln.
Paprika klein schneiden, Schafskäse würfeln, Rosmarin „entnadeln". Alle Zutaten in eine Auflaufform füllen, Gemüsebrühe mit dem gehackten Knoblauch mischen und über den Auflauf geben.
Bei 180° C Umluft circa 30 Minuten backen. Dazu empfehlen wir einen gemischten Salat.

Würzige Bohnen-Kartoffel-Pfanne

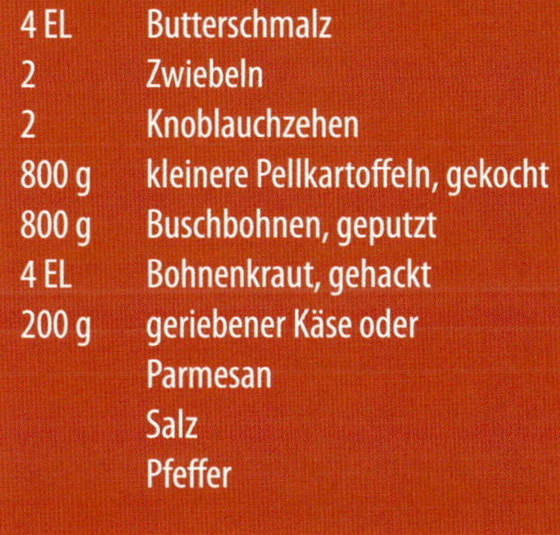

4 EL	Butterschmalz
2	Zwiebeln
2	Knoblauchzehen
800 g	kleinere Pellkartoffeln, gekocht
800 g	Buschbohnen, geputzt
4 EL	Bohnenkraut, gehackt
200 g	geriebener Käse oder Parmesan
	Salz
	Pfeffer

Gekochte Pellkartoffeln schälen und in 2 cm große Würfel, die geputzten Bohnen in 4 cm lange Stücke schneiden.

Bohnen in kochendem Salzwasser sechs Minuten kochen, abgießen und kalt abschrecken.
In einer Pfanne die Hälfte des Butterschmalzes erhitzen, Zwiebeln darin glasig dünsten und anschließend goldbraun braten. Den gehackten Knoblauch dazugeben, ebenso das gehackte Bohnenkraut, und mit Salz und Pfeffer würzen. Alles aus der Pfanne in eine Schüssel geben.
Das restliche Butterschmalz erhitzen, die Kartoffelwürfel rundum braun braten. Die gekochten Bohnen hinzufügen und erhitzen. Würzen mit Salz und Pfeffer. Die Zwiebelmischung unterrühren und den geriebenen Käse darüberstreuen.
Das Ganze mit einem Deckel zudecken und den Käse schmelzen lassen. Anschließend auf Tellern anrichten.

Blumenkohl-Brokkoli-Rosenkohl-Gratin

800 g	Blumenkohl und Brokkoli (zur Hälfte gemischt), (im Winter auch Rosenkohl allein)
	Salzwasser

Sahnesoße:

300 ml	Sahne
1	Knoblauchzehe
150 g	Doppelrahmfrischkäse mit Kräutern
50 g	geriebener Käse
	Salz
	Pfeffer
2	Eier
	Butter für die Form
	Butterflocken
50 g	geriebener Käse

Zuerst den Blumenkohl und den Brokkoli oder Rosenkohl putzen und waschen. Das Gemüse in Röschen teilen, den Rosenkohl am Strunk einschneiden. Anschließend das Gemüse in kochendem Salzwasser einige Minuten vorkochen, dann abtropfen lassen und kalt überbrausen.

Für die Soße die Sahne mit Knoblauch aufkochen. Währenddessen den Käse bei niedriger Hitze darin schmelzen. Vom Herd nehmen und mit Salz und Pfeffer würzen. Nun die Eier verquirlen und darunterrühren. Jetzt das Gemüse in eine gebutterte Auflaufform schichten und mit der Soße übergießen. Das Gratin mit Butterflocken belegen und Käse darüberstreuen. Die Auflaufform 15 Minuten bei 200° C überbacken.

Mit Salzkartoffeln ist dieses Rezept ein vollwertiges Mittagessen.

Blumenkohl-Brokkoli-Ecken

Teig:

300 g	Mehl
1 Prise	Salz
125 g	Butter
2	Eigelb

Belag:

700 g	Brokkoli frisch oder tiefgekühlt
1 (500 g)	Blumenkohl frisch oder tiefgekühlt
3	Karotten
	Salz
200 g	Blauschimmelkäse

Guss:

300 ml	Sahne
1 EL	Mehl
2	Eier
1	Zwiebel
50 g	geriebener Emmentaler
1 Bund	Schnittlauch
	Salz
	Pfeffer
	Muskat
	Backpapier fürs Blech

Zuerst den Mürbteig aus den angegebenen Zutaten herstellen und rasch verkneten. Den Teig ausrollen (halbes Blech oder ein Rechteck, circa 20 x 35 cm). Backpapier auf ein Blech legen und den ausgerollten Teig darauf ausbreiten.

Nun entweder einen Rand aus Teig formen und mit Alufolie abschließen oder einen eckigen Tortenringrand rings um den Teigboden stellen. Teig mit einer Gabel einstechen und circa 15 Minuten bei 200° C vorbacken.
Nun den Brokkoli und den Blumenkohl waschen, putzen und in kleine Röschen teilen. Die Karotten ebenfalls schälen. Das Gemüse zusammen in kochendem Salzwasser drei Minuten blanchieren, dann in ein Sieb abgießen.
Anschließend die Karotten in Scheiben schneiden.
Für den Guss Sahne, Mehl und Eier verrühren. Die Zwiebel schälen und grob raspeln. Nun den Schnittlauch in Röllchen schneiden. Die Hälfte des geschnittenen Schnittlauches mit dem geriebenen Käse und der Zwiebel unter den Guss rühren. Mit Salz, Pfeffer und Muskat würzen.
Als Nächstes den vorgebackenen Teig herausnehmen und mit Gemüse belegen. Den Blauschimmelkäse in dünne Scheiben schneiden und darüberlegen. Nun den Eierguss darübergießen. Im Ofen circa 20 bis 30 Minuten fertigbacken.

Zuletzt den übrigen Schnittlauch darüberstreuen. Mit einem Salat ein vollwertiges Mittagessen oder für ein Buffet Fingerfood.

Fenchel-Paprika-Gemüse

2	Fenchelknollen	½ B.	Schmand
1	Zwiebel		Salz
2	rote Paprikaschoten		Pfeffer
1 EL	Olivenöl		
200 ml	Gemüsebrühe		

Als Erstes die Zwiebel halbieren und in dünne Scheiben schneiden. Fenchel und Paprika in ein Zentimeter breite Würfel schneiden.

Olivenöl in einer Pfanne erhitzen. Nun die Zwiebel darin glasig dünsten, Fenchel und Paprika zugeben und anschließend mit der Gemüsebrühe aufgießen. Das Ganze zugedeckt circa zehn Minuten bei niedriger Hitze garen. Schmand und etwas Zitronenschale zum Gemüse geben, mit Salz und Pfeffer abschmecken.

Zuletzt das Gemüse auf Tellern anrichten und mit gehacktem Fenchelgrün oder Dill bestreuen. Dazu passt Reis.

600 g	tiefgekühlter Blattspinat
500 g	Quark
100 g	geriebener würziger Bergkäse
4	Eigelb
4 EL	Hartweizengrieß
120 g	Weizenvollkornmehl
	Salz
	Pfeffer
	Muskat
400 g	Kräuterseitlinge (Pfifferlinge)
2 EL	Butter zum Anbraten
	Sahne, Milch

Spinat-Quarkknödel mit Pfifferlingen oder Kräutersaitlingen

Als Erstes den Spinat auftauen, grob hacken und dann gut ausdrücken, sodass er nicht so feucht ist. Auch den Quark abtropfen lassen.

Spinat, Quark, etwa zwei Drittel des Bergkäses, die Eigelbe, Grieß und Mehl sowie die Gewürze gut miteinander vermischen. Der Teig darf nicht zu klebrig sein, sonst noch etwas Mehl hinzugeben. Circa 20 Minuten ruhen lassen. Anschließend aus der Masse Knödel formen. Diese dann in kochendes Salzwasser geben und bei niedriger Hitze 12 bis 15 Minuten ziehen lassen. Während dieser Zeit die Kräuterseitlinge (Pfifferlinge) putzen und in etwas kleinere Stücke brechen.

Nun Butter in eine Pfanne geben und darin die Pilze anbraten, nach einigen Minuten salzen. Pilze leicht mit Mehl bestäuben, mit etwas Sahne und Milch aufkochen lassen. Mit Pfeffer würzen und leicht einkochen lassen.

Die Knödel aus dem Wasser nehmen und auf Tellern anrichten. Zuletzt mit dem restlichen Bergkäse bestreuen.

Die Pilze neben die Knödel geben und sofort servieren.

Sellerieschnitzel auf herbstlichem Gemüse

600 g	Knollensellerie	Für das Gemüse:	
2 Kugeln	Mozzarella	1	rote Paprikaschote
	Salz	400 g	Zucchini
	Pfeffer	200 g	Cocktailtomaten
etwas	Muskat bei Bedarf	1 große	Zwiebel
2 EL	Mehl	2	Knoblauchzehen
1	Ei		etwas Thymian, getrocknet
6 EL	Paniermehl	1	gelbe Paprikaschote
3 EL	Butterschmalz	2 EL	Butterschmalz

Für die Sellerieschnitzel das Ei in einer Schüssel verquirlen.
Das Paniermehl in einen tiefen Teller geben. Den Knollensellerie schälen und waschen, anschließend in acht gleich dünne (ca. 0,4 cm) Scheiben schneiden (geht besonders gut und gleichmäßig mit einer Brotschneidemaschine).
In einem großen Topf einen Liter Wasser zum Kochen bringen und die Selleriescheiben darin fünf Minuten kräftig köcheln lassen. Anschließend kalt abschrecken und mit Küchenkrepp trocken tupfen.
Das Gemüse waschen und putzen. Die Paprikaschoten würfeln. Die Zucchini in Scheiben schneiden, die Tomaten achteln. Zwiebel und Knoblauch schälen und klein schneiden. Zwei Esslöffel Butterschmalz erhitzen und das vorbereitete Gemüse circa zehn Minuten darin schmoren lassen.
Die Selleriescheiben inzwischen salzen, pfeffern, eventuell mit Muskat würzen. Den Mozzarella in Scheiben schneiden und vier der Selleriescheiben damit belegen. Die verbleibenden vier Selleriescheiben daraufsetzen. Die so entstandenen „Schnitzel" leicht mit Mehl bestäuben. Anschließend durch das verschlagene Ei ziehen, im Paniermehl wenden und die Panade eventuell leicht andrücken. Nun in einer Pfanne die restliche Butterschmalz erhitzen und die Schnitzel bei mittlerer Hitze von beiden Seiten jeweils fünf Minuten braten.
Das fertige Gemüse mit Salz, Pfeffer und getrocknetem Thymian würzen. Auf Tellern verteilen und die Sellerieschnitzel darauf anrichten.

Hagebutten-Joghurt-Nockerl an Fruchtspiegel

250 ml	Naturjoghurt
70 g	Puderzucker
2 EL	Hagebuttenmarmelade oder -mark
1 P.	Vanillezucker
½	Zitrone (Saft)
1 Beutel	Agar-Agar (5 g)
1 EL	Rum
½ Becher	Sahne
3 EL	Aroniabeerensaft

Joghurt mit Puderzucker, dem Hagebuttenmark/Marmelade, Vanillezucker und dem Zitronensaft verrühren.
Agar-Agar mit Rum verrühren und unter Rühren circa zwei Minuten kochen lassen.Unter die Joghurtmasse rühren, im Kühlschrank ansteifen lassen und anschließend die geschlagene Sahne unterziehen. Die Masse über Nacht in den Kühlschrank stellen.
Puderzucker auf einen Teller sieben, mit Hagebuttenmark und Aroniabeerensaft einen Fruchtspiegel herstellen,
zum Anrichten einen Löffel in heißes Wasser tauchen, Hagebuttennockerl abstechen und auf dem Fruchtspiegel anrichten.
Alternativ mit Früchten der Saison anrichten.
Tipp: Für das Hagebuttenmark die Hagenbutten (1 kg) von Stielen befreien, waschen und über Nacht mit Wasser bedeckt stehen lassen. Die Früchte am nächsten Tag im Einweichwasser zugedeckt etwa eine halbe Stunde kochen, bis sie weich sind, abkühlen und durch die "Flotte Lotte" drehen. Anschließend noch durch ein Sieb streichen, damit alle Kerne entfernt sind. Somit ist das Hagebuttenmark fertig, ohne groß die Früchte zu halbieren und auszukratzen. Das Hagebuttenmark noch heiß in Twist-off-Gläser füllen. Dann ist es jederzeit bereit für ein leckeres Dessert.

Hagebutten-Tiramisu

		500 ml	Sahne
250 g	Löffelbiskuit	100 g	Puderzucker
6 EL	Rum	½ Glas	(4 EL) Hagebuttenmarmelade

Löffelbiskuits in einer eckigen Tiramisuform eng aneinanderlegen. Leicht mit Rum beträufeln. Die Creme aus geschlagener Sahne mit Puderzucker und Hagebuttenmarmelade über die Löffelbiskuits streichen. Löffelbiskuits und Creme abwechselnd in die Form geben, die oberste Lage mit Creme abschließen. Über Nacht im Kühlschrank durchziehen lassen.

Hagebuttenspiegel mit Schokomousse

Hagebuttenspiegel:

250 g	Hagebutten
70 g	Zucker
100 ml	Wasser
1	Zitrone (Saft)
wenig	Orangenlikör

Schokomousse:

1 Tafel	Vollmilchschokolade
70 ml	Milch
1 P.	Vanillezucker
1 Becher	Sahne
1 Beutel	Agar-Agar (5 g)

Hagebutten mit Zucker, Zitronensaft und Wasser zum Kochen bringen und bei milder Hitze kochen, bis sie weich sind. Anschließend pürieren, evtl. durch ein feines Sieb streichen und mit Orangenlikör abschmecken. Drei Esslöffel Milch mit Agar-Agar verrühren. Schokolade mit Milch und Vanillezucker erwärmen, bis sie flüssig ist. Dann angerührtes Agar-Agar darin zwei Minuten köcheln lassen, im Kühlschrank leicht ansteifen lassen und anschließend steif geschlagene Sahne unterziehen. In kalt ausgespülte Timbaleförmchen füllen und eine Stunde im Kühlschrank kalt stellen. Anschließend Schokomousse mit einem Messer lösen und auf einem Teller mit der Hagebuttensoße anrichten.

Die Soße passt auch zu Schokoladeneis oder kann zum Verfeinern von Wildrahmsoße verwendet werden.

Hagebutten-Quark

Hagebutten waschen, putzen und entkernen. Weißwein aufkochen, Hagebutten und Puderzucker zugeben und bei milder Hitze weich kochen. Anschließend pürieren und evtl. durch ein Sieb streichen. Hagebuttenmus mit Orangensaft und Likör abschmecken. Abkühlen lassen.

Quark mit wenig Milch dicklich verrühren, Zucker zugeben, Sahne steif schlagen und unter die Quarkmasse ziehen.

Oder Buttermilch mit Zucker verrühren. Agar-Agar mit drei Esslöffel Wasser verrühren, zum Kochen bringen und unter Rühren zwei Minuten kochen lassen, in die Creme einrühren, Creme im Kühlschrank ansteifen lassen und anschließend die steif geschlagene Sahne unterziehen.

Nun mit dem Hagebuttenmus in Gläsern einschichten. Mit Schokoraspeln verzieren und kühlen.

250 g	Hagebutten
200 ml	Weißwein
100 g	Puderzucker
1 cl	Orangenlikör
1	Orange (Saft)

Für die Creme:

500 g	Quark
einige EL	Milch
1 Becher	Sahne
50 g	Zucker, Schokoladenraspeln

oder:

500 ml	Buttermilch
1 Beutel	Agar-Agar (5 g)
50 g	Zucker
1 Becher	Sahne

Knuspriger Apfel-Auflauf

4-6	mittelgroße, säuerliche Äpfel
1	Zitrone (Schale)
50 ml	Zitronensaft
80 g	Rosinen
5 EL	Rum oder Apfelsaft
5 EL	heimischer Waldhonig
6 EL	Dinkelmehl
200 g	kernige Haferflocken
2 EL	Sonnenblumenöl
½ TL	Zimt
1 Prise	Salz

Die Rosinen in Rum oder Apfelsaft einlegen und mindestens 20 Minuten ziehen lassen. Die Zitrone waschen und die Schale abreiben. Dann halbieren und den Saft auspressen.
Äpfel waschen, entkernen und etwa zwei Zentimeter kleine Würfel schneiden oder in dickere Scheiben hobeln. Die Äpfel mit Zitronenschale und -saft sowie zwei Esslöffeln des Honigs und den Rumrosinen mischen. Die Apfelmischung in eine ofenfeste Auflaufform geben und verteilen.
Dinkelmehl, Haferflocken, Zimt, Salz, Öl und den restlichen Honig in eine Schüssel geben, durchmischen und so zu Streuseln verarbeiten. Diese Streusel auf die Äpfel geben. Im Backofen bei 180° C 30 bis 40 Minuten backen, bis der Apfel-Auflauf knusprig braun ist.

Dazu serviert man eine Vanillesoße oder Vanilleeis.

Rote Grütze mit Eierlikörrahm

500 g	Beerenobst, gemischt	2-3 EL	Eierlikör
¼ l	Sauerkirsch- oder Johannisbeersaft	½ EL	Zitronensaft
50 g	Zucker		Nelke, gemahlen
40 g	Stärke		Zimt
100 ml	Schlagrahm		

Kalten Fruchtsaft mit der Stärke, dem Zucker und den Gewürzen verrühren, im Topf einmal aufkochen lassen. Das Beerenobst zugeben und vorsichtig unterheben. Grütze in kleine Glasschalen füllen und erkalten lassen.

Rahm nicht ganz steif schlagen, mit Eierlikör und Zitronensaft verfeinern. Eierlikörrahm als Soße zur Grütze reichen.

Ebereschen- Kürbis- Chutney mit Ziegen-Camembert

400 g	Ziegen- Camembert
200 g	Ebereschen
200 g	Kürbis (Hokaido oder Muskatkürbis)
100 g	Apfel
100 g	Zwetschgen
50 g	Schalotten
1 Scheibe	Ingwer
1 Msp.	Chiliflocken
1	Nelke
1 Zweig	Thymian
½	Zimtstange
1 cm	Vanillestangenmark
70 g	Rohrzucker
50 ml	weißer Balsamicoessig
½	Zitrone (Saft)

Ebereschen ernten, waschen, von der Rispe lösen und etwa einen Tag einfrieren (löst Bitterstoffe).
Kürbisfleisch, Apfel, Schalotten und Zwetschgen fein würfeln.
Die gewürfelten Zutaten in einen Topf geben und anschwitzen.
Die gefrorenen Ebereschen dazugeben (so halten sie besser die Form) und mit anschwitzen.

Ingwer, Chiliflocken, Nelke, Zimtstange , Rohrzucker, Essig, Thymian, Vanille und Zitrone dazugeben und alles circa zehn Minuten kochen.

Ingwer, Nelke, Thymian und Zimtstange entfernen.
Das noch warme Chutney mit dem Käse anrichten und ausgarnieren.

Das Chutney kann auch heiß in ein Weckglas gegeben werden und für gut ein halbes Jahr aufgehoben werden.

Kann als Brotzeit, Dessert oder als Käsegang serviert werden.

Herbstkompott

250 g	Holunderbeeren, abgezupft	1	Zimtstange
5	Zwetschgen	80 g	Zucker
1	Apfel	1 Stück	Zitronenschale
1	Birne	½ TL	Speisestärke
250 ml	roter Traubensaft		

Apfel, Birne und Zwetschgen schälen, vierteln und das Kerngehäuse bzw. den Stein entfernen; in kleine Würfel schneiden. Beeren in einem Sieb abbrausen. Saft mit Zimt, Zitronenschale und Zucker etwa fünf Minuten köcheln, dann die Früchte dazugeben und weitere fünf Minuten weich kochen. Zimt und Zitronenschale entfernen und die - mit etwas kaltem Wasser angerührte - Speisestärke unter das Kompott mischen. Nochmals kurz aufkochen und etwas abkühlen lassen.

Das Kompott genießt man noch warm auf Vanilleeis oder Grießpudding.
Kalt rührt man es in Naturjoghurt oder reicht es als süßes Tüpfelchen zu einer Käseplatte.

BLAICHACH - GUNZESRIEDER TAL
IM HERZEN DES NATURPARKS NAGELFLUH

Martina Kindler und Anita Waibel

Fruchtmilch "Allgäu"

2 EL	Haselnüsse, gemahlen
2	Äpfel, z.B. Boskop
2-3 EL	Sanddornsaft oder Ebereschendicksaft
2 EL	Zitronensaft
¼ EL	Orangensaft
ca. 2 EL	Honig
300 ml	Milch, Joghurt oder Sauermilch
evtl. 2-3	Eiswürfel

Äpfel waschen, entkernen, grob schneiden.
Zusammen mit Haselnüssen, Sanddorn-, Zitronen- und Orangensaft sowie Honig in der Küchenmaschine oder mit dem Mixer fein zerkleinern.

Gekühlte Milch bzw. Joghurt zugeben, evtl. mit Eiswürfeln gut durchmixen.
In vorgekühlten Gläsern mit Eis anrichten und mit einem Löffel servieren.

Alant

Eine alte Nahrungspflanze, die anderen, geschmacksneutraleren Gemüsen beigemischt wurde, ist die Alantwurzel, eine mächtige, ausdauernde Blütenpflanze aus der Familie der Korbblütler. **Drei Arten** kennen wir:

Den **Heilalant** mit seinen fransigen, gelben Sonnenblüten, die aussehen, als hätte ein Kind gerade eine Sonne auf seine Stängel gemalt. Dazu die großen, lungenflügelartigen Blätter, die bis zu einem Meter lang werden können, und ihm eine majestätische Gestalt verleihen.

Im Unterschied dazu der **Gartenalant**, der erkennbar ist an seinen heller grünen Blättern, die rundlicher und kleiner wachsen. Am wohlsten fühlen sich beide, wenn sie im Garten jahrelang am selben Platz verbleiben dürfen.

Selten zu finden ist der **Wiesenalant**, der in Feuchtwiesen wächst und geschützt ist.

Alle Alantarten haben **zwei verschiedene Arten von Wurzeln:** die **Pfahlwurzeln** und die **knolligen Rhizomwurzeln**. Im Herbst, wenn die oberirdischen Triebe welk und abgestorben sind, liegen die Wurzeln dicht unter der Gartenerde. Diese Pfahlwurzeln können ausgegraben und in Scheiben geschnitten als würziges Gemüse, gemischt mit anderen, genossen werden. Ihr Gehalt an Inulin macht sie **für Diabetiker interessant.** Doch auch ätherische Öle und wenig Bitterstoffe geben ihnen einen würzig-aromatischen Geschmack und einen gesundheitlichen Wert für die Bronchien.

Im Winter sind die getrockneten Wurzelstückchen der Rhizomwurzel als wärmender Tee sehr **hilfreich bei Husten**.

Apfel- oder Birnenquitte

Was im Frühjahr als hübscher Kleinbaum mit viel zu großen Blüten erscheint, trägt im **Spätherbst pelzig gelbe Früchte** mit wunderbar intensivem Duft. Viel zu wenig geschätzt wird die aromatische Quitte. Sie ist ein robuster Baum, der kaum Krankheiten kennt und aufgrund seiner geringen Größe auch in kleine Gärten passt.

Die **Apfelquitte** besitzt **rötliches Fruchtfleisch** und enthält zahlreiche sogenannte Steinzellen. Das Fruchtfleisch der **Birnenquitte** ist **goldgelb**. Die Früchte der japanischen und chinesischen Zierquitte können wie unsere einheimische große Quitte verarbeitet werden. Sie werden auch für Dekorationen verwendet.

Die Früchte müssen vor der Weiterverarbeitung erst trocken abgerieben werden, damit der weiche Pelz entfernt wird. Die Quitte ist **nicht für den Frischverzehr geeignet**, sondern nur in gekochtem Zustand genießbar. Die Früchte sind sehr gesund und schenken uns - neben vielen **Vitaminen** und **Mineralstoffen** wie Kalium - auch das der Darmgesundheit förderliche **Pektin**. Als schmackhaftes Quittenkonfekt, als Gelee oder Likör, aber auch gebraten bietet uns die Quitte so manchen gesunden Genuss.

Radicchio, Endivien, Zuckerhut

Diese Salate stammen von der Wegwarte (Zichorien-Gewächs) ab, die aus dem Mittelmeergebiet zu uns kam. Sie enthalten vor allen Dingen Bitterstoffe, die die **Produktion von Gallenflüssigkeit anregen und appetitanregend** wirken. Außerdem besitzen sie einen hohen Gehalt an Vitamin C, B1, B2 und B6 sowie Kalzium, Kalium, Phosphor und Provitamin A. **Im Kühlschrank** sind diese Salate **bis zu zwei Wochen** haltbar. Bei uns wird Radicchio & Co meist als Salat zubereitet, in den **Mittelmeerländern** ist es auch üblich, sie kurz **gebraten oder gedünstet** mit Olivenöl und Knoblauch zu verzehren.

Gärtnerischer Tipp: Alle Zichorien-Gewächse außer Chicorée brauchen viel Platz zum Wachsen, deshalb ist zwischen den Pflanzen ein Abstand von 50 cm zu empfehlen. Außerdem sind sie **wärmeliebend**. Die Keimtemperatur liegt bei 20 Grad, was eine späte Pflanzung erfordert.

Rosenkohl

Im deutschsprachigen Raum wurde der Rosenkohl zuerst unter dem Namen Brüsseler Kohl oder Brüsseler Sprossen bekannt, da er aus Belgien zu uns kam. Rosenkohl hat in den **Wintermonaten Saison** und ist in dieser Zeit ein wichtiger Lieferant von Vitaminen und Mineralstoffen. Er besitzt **doppelt so viel Vitamin C wie eine Orange**. Rosenkohl hilft unterstützend bei Diäten, Verstopfung und Sodbrennen. Bei der **Lagerung** sollte darauf geachtet werden, dass er **kühl** und **nicht zusammen mit Obst** aufbewahrt wird, da er schnell welkt.

Gärtnerischer Tipp: Rosenkohl ist das Gemüse, das den **weitesten Pflanzabstand** benötigt (75 cm in der Reihe). Auch wird er tief eingepflanzt und braucht Dünger. Ganz im Gegensatz zur landläufigen Meinung, dass Rosenkohl winterhart sei, verträgt er Fröste von **höchstens -8 Grad** und das auch nur, wenn er durch Schnee geschützt ist.

Zitat

Deine Nahrungsmittel seien deine Heilmittel.
Deine Heilmittel seien deine Nahrungsmittel.

Hippokrates

Rote Bete

Ursprünglich stammt sie aus Nordafrika und ist mit der Zuckerrübe und dem Mangold verwandt. Rote Bete kennt man meistens nur in einer Variation: als sauer eingelegten Salat. Dabei bietet sie nicht nur eine geballte **Ladung an Inhaltsstoffen** in **Blatt und Wurzel** (sie versorgt den Körper mit Folsäure, Vitamin B6 und Eisen und wirkt somit blutbildend, entgiftend und antioxidativ), sondern besitzt auch ein **breites Spektrum an Verwendungsmöglichkeiten** in der Küche. Sie kann als Rohkostsalat mit fein geriebenen Äpfeln, sowie gekocht als Suppe, gedünstet als Beilage oder gebacken als Hauptgericht verzehrt werden. Menschen mit Nierenleiden sollten sie wegen ihres hohen Gehaltes an Oxalsäure nicht zu häufig verzehren.

Gärtnerischer Tipp: Rote Bete kann ohne Probleme direkt ins Beet gesät werden. Es ist wichtig, sie vier bis fünf Wochen nach der Aussaat **immer feucht** zu halten, um Schorf zu vermeiden. Dies ist eine Pilzerkrankung, die erst die Blätter und dann die Wurzeln schädigt, einen bitteren Geschmack hervorruft und das Gemüse im Lager schneller verderben lässt.

Sanddorn

Sanddorn mit seinem sauren Geschmack und der leuchtend orangen Farbe liefert **viele Vitamine** in unsere Speisen. Der Sanddorn ist ein **einheimischer** Wildstrauch aus der Familie der Ölweidengewächse, wird aber auch als Kulturpflanze in Plantagen gezogen.

Nach den letzten späten Herbstsonnentagen haben sich die Beeren mit Apfelsäure, Vitamin A, E, F, P und reichlich Mineralstoffen aufgeladen. Sanddorn glänzt mit dem **höchsten Vitamin-C-Gehalt** (450 mg pro 100 g) unter allen heimischen Früchten. Sind die ersten Raureif-Nächte durch das Land gezogen, ist es Zeit, die Beeren zu ernten. Da die **Ernte** wegen der spitzen Dornen recht schwierig ist, nehmen Sie am besten eine **Schere** und schneiden Teile von den Ästen ab. Danach werden sie **eingefroren**, und in diesem Zustand lassen sich die Beeren zu Hause am Küchentisch leicht und ganz abpflücken.

In Nachspeisen, Mixgetränken, in Saftmischungen, zum Müsli, als Früchtetee, Brotaufstrich und als winterliche Konfitüre sind Sanddornbeeren **bestechend geschmackvoll** und ganz nebenbei sehr **gesund**. Probieren Sie die „Fruchtmilch Allgäu" auf Seite 155, Sie werden begeistert sein.

Schlehe

Wer zu Weihnachten Schlehenlikör angeboten bekommt, sollte nicht lange zögern, hat er doch einen leicht herben Geschmack und **unterstützt unser Immunsystem** gerade im Winter.

Die Schlehe wird auch Schwarzdorn genannt und ist ein heimischer Wildstrauch aus der Familie der Rosengewächse.

Bis November verbleiben die runden dunklen Früchte am Strauch, damit sich das Vitamin C anreichern kann und die Frucht reif wird. Das besondere **Aroma** der Schlehenfrüchte entfaltet sich aber **erst nach dem ersten Frost**. Auch wenn man die Früchte einige Zeit in die Gefriertruhe legt, sollten sie für ihren inneren Wert nicht zu früh geerntet werden.

Ziehen Sie **zum Ernten Handschuhe** an, denn unser Schlehdorn zeigt seine Abwehr mit seinen **langen Stacheln**. Deshalb war er auch eine alte Hagpflanze (Zaun) zum Schutz gegen wilde Tiere.

Marmelade oder Gelee aus Schlehenbeeren oder auch Kompott als Beilage zu Wild schmecken ausgesprochen aromatisch und die **Gerbstoffe sorgen für einen gesunden Darm**.

„Je früher im April der Schlehdorn blüht, desto früher der Schnitter zur Ernte zieht", verspricht eine alte Bauernregel. Schlehen bieten zahlreichen Kleintieren Nahrung und Schutz. Besonders wichtig ist der Schlehdorn für die Raupen des selten gewordenen Segelfalters. Das dichte Geäst bietet auch vielen Vogelarten Unterschlupf.

Schwarzwurzel

Winter- oder Arme-Leute-Spargel

Auch die Schwarzwurzel ist **winterhart** und somit kann man sie im Boden lassen und bei Bedarf ernten, wenn die Erde nicht gefroren ist. Bei der **Ernte** sollte darauf geachtet werden, dass die **Wurzel nicht verletzt** wird. Dann nämlich tritt der weiße Milchsaft aus und die Wurzel wird trocken und strohig. Ursprünglich stammt sie aus Spanien, was der botanische Namen erahnen lässt: Scorzonera hispanica. Neben dem hohen Gehalt an **Mineralstoffen** und **Vitaminen** enthält sie - wie auch der Topinambur - den **Fruchtzucker Inulin**. Schwarzwurzeln sollte man **mit Einweghandschuhen schälen**, da die Haut von dem austretenden Milchsaft braune Flecken bekommt, die nicht leicht abzuwaschen sind. Nach dem Schälen gleich in eine Schüssel **mit Essigwasser** legen, damit die Wurzeln nicht braun anlaufen.

Gärtnerischer Tipp: Schwarzwurzeln baut man am besten wie Spargel **auf Dämmen** und in **tiefgründigen sandigen Böden an**. Lehmige Böden sind ungeeignet, da man die Wurzel nicht ernten kann, ohne dass sie zerbricht. Wenn das geschieht, kann man sie nicht mehr einlagern, da der milchige Saft ausläuft und die Wurzel trocken wird.

Topinambur

Der Name Topinambur leitet sich vom Indianerstamm der Tupinamba ab. Er stammt aus Nord- und Mittelamerika und gilt als Kulturpflanze der Indianer aus vorkolumbianischer Zeit. Weitere Bezeichnungen sind Jerusalem-Artischocke, Erdsonnenblume, Indianerknolle und Ewigkeitskartoffel. Die Pflanze kann **bis zu drei Meter hoch** werden, die apfel- bis spindelförmigen Knollen variieren in der Schalenfarbe von Beige, Gelb bis Rosa und Rot. **Die Knolle ist winterhart** und verträgt im Boden bis zu -30 Grad. Man sollte vorsichtig sein, Topinambur in den eigenen Garten zu pflanzen, da er aus dem kleinsten Bruchstück der Knolle wieder austreibt und so **schnell zum (dekorativen) Unkraut** werden kann.

Der Geschmack des Topinambur ist süß und haselnussartig. Durch seinen hohen Gehalt an Inulin (nicht zu verwechseln mit Insulin) ist er **für Diabetiker** gut geeignet. Inulin ist ein Fruchtzucker, der im Magen nicht verdaut werden kann und im Darm dann als Ballaststoff wirkt. Empfindliche Menschen reagieren auf den Verzehr mit Blähungen. Darum ist zu raten, Topinambur erst **in kleineren Mengen** zu sich zu nehmen, um den Darm daran zu gewöhnen. Da er eine dünne Schale hat, die vor dem Kochen nicht entfernt werden muss, trocknet er schnell aus und ist deshalb im Kühlschrank nur ca. ein bis zwei Wochen lagerfähig. Topinambur kann **roh, gedämpft, gebraten oder frittiert** verzehrt werden und wird vielseitig verwendet. Man kann aus ihm Fruchtzucker und Schnaps herstellen, er wird zur Wild- und Viehfütterung angebaut und kann aufgrund seiner hohen Biomasse auch als Energiepflanze genutzt werden. Bei regelmäßigem Verzehr senkt er die Blutfettwerte. In der **Homöopathie** wird er als natürliches Mittel zur Gewichtsreduktion eingesetzt, da er dem Körper dabei hilft, seine natürliche Hunger-Sättigungs-Balance wiederzufinden. Er enthält Betacarotin, Kalium, Eisen und Saponine, die als **krebshemmend** angesehen werden.

Gärtnerischer Tipp: Topinambur ist ein sogenannter Neophyt, das bedeutet, dass er eine nichteinheimische Pflanze ist und hier bei uns keine natürlichen Gegenspieler hat. Er ist also unempfindlich und **vermehrt sich rasch**. Deswegen sollte man ihn im Garten nur dorthin pflanzen, wo nichts anderes wachsen will. Man kann zusätzlich dafür sorgen, dass er sich nicht zu sehr ausbreitet, indem man als **Wuchssperre** ein Stück Blech in den Boden mit eingräbt, denn dort, wo er einmal wächst, ist er schwer bis gar nicht wieder zu entfernen.

Winterpostelein
Portulak
Tellerkraut

Ursprünglich kommt er aus Nordamerika, wo er zu Zeiten des Goldrausches bekannt wurde und **so manchem Goldgräber das Leben rettete**. Der Winterpostelein überwucherte damals in kurzer Zeit die von den Schürfern verwüsteten Berghänge in Kalifornien. Die hungrigen Goldsucher lernten von den Indianern, das Kraut gekocht wie Spinat oder als Salat zubereitet zu verwenden. Deshalb heißt er dort nach wie vor **Bergmann- oder Goldschürfersalat**. Der Winterpostelein enthält vor allem in den Blättern viel Vitamin C, Magnesium, Kalzium und Eisen. Er bietet im **Winter eine willkommene Abwechslung** zu den allseits bekannten Salaten und weist einen weit weniger hohen Nitratgehalt auf. Gärtnerischer Tipp: Postelein verträgt wie Feldsalat Temperaturen von bis zu -20 Grad. Er sollte aber unbedingt **mit Tannenzweigen geschützt** werden, da er bei Kahlfrösten, wenn er schon größer ist, erfrieren kann. Im Frühjahr bildet er **wunderschöne, dekorative Blüten, die verzehrt werden können**.

Zitate:

Iss, was gar ist, trink, was klar ist,
sprich, was wahr ist, zahl, was bar ist.
Martin Luther

Widme dich der Liebe und dem Kochen mit ganzem Herzen.
Dalai Lama

Kochen ist die Sache der Ernährungswissenschaft,
aber auch Kunst, Abenteuer und Vergnügen.
Sydney Gordon

Schwarzwurzelcremesuppe

Die Schwarzwurzeln waschen, schälen, in Stücke schneiden und sofort in einen Topf mit Wasser legen, damit sie nicht braun werden. Danach das Wasser abgießen und circa 1,5 Liter frisches Wasser wieder zugeben, das Salz hinzufügen und alles kochen, bis die Schwarzwurzeln bissfest sind.

1 ½ kg	Schwarzwurzeln
1 ½ l	Wasser
2 TL	Salz, gestrichen
200 g	Sahne-Schmelzkäse
3 EL	Butter
3 EL	Mehl
150 ml	Wasser

Nun in einem anderen Topf die Butter schmelzen und das Mehl dazugeben, dann unbedingt mit den 150 ml kaltem Wasser angießen, damit sich keine Klumpen bilden. Nun das Kochwasser der Schwarzwurzeln hinzufügen und alles kräftig aufkochen lassen. Gut zwei Drittel der Schwarzwurzeln dazugeben, alles pürieren und nochmals kurz aufkochen lassen.
Die restlichen Wurzelstücke in Scheiben schneiden, den Käse würfeln und alles in die Suppe geben. Den Käse darin schmelzen lassen, es sollte dabei nicht mehr kochen.

Wer will, kann die Suppe noch mit ein paar frischen Kräutern verfeinern.

Petersilienwurzelsüppchen

300 g	Petersilienwurzel
1	Zwiebel
½	Knoblauchzehe
60 g	Butter
500 ml	Gemüsebrühe
100 ml	Weißwein
400 ml	Wasser
200 ml	Sahne
1 Bund	Petersilie
	Salz
	Pfeffer

Petersilienwurzel schälen und in dicke Scheiben schneiden. Zwiebel fein würfeln und in Butter glasig dünsten, Petersilienwurzel dazugeben, mit der Brühe, dem Wasser und dem Wein ablöschen, den durchgedrückten Knoblauch zugeben, salzen. Circa 15 Minuten köcheln lassen. Sahne zugeben.

Mit dem Mixer fein pürieren. Zwei Drittel der Suppe in Suppenschalen füllen, den Rest mit der Petersilie kräftig pürieren. Die grüne Suppe auf die weiße Suppe gießen und servieren.

Dazu passen sehr gut Weißbrot, Croutons oder marinierte Garnelen.

Selleriecremesuppe

1	Sellerieknolle	1 l	Gemüsebrühe
1	Lauchstange		Salz, Pfeffer
1-2	Karotten	100 g	Schlagsahne
2	Kartoffeln		Petersilie
30 g	Butter		

Sellerie, Kartoffeln und Karotten schälen, Lauch gründlich waschen und putzen. Alles in kleine Stücke, den Lauch in feine Ringe schneiden. Die Butter in einem Topf erwärmen und den Sellerie, die Kartoffeln und Karottenstücke rundum anbraten. Lauchringe dazugeben, gut durchrühren, salzen und pfeffern, einige Minuten weiterdünsten. Mit Brühe aufgießen und die Suppe zugedeckt bei milder Hitze 15 Minuten langsam kochen lassen. Den ganzen Topfinhalt mit einem elektrischen Pürierstab pürieren. Nochmals alles in der Brühe aufkochen lassen. Nach Geschmack nachwürzen. Mit der Sahne verfeinern.

Zuletzt die Selleriecremesuppe nochmals mit dem Pürierstab gut schaumig aufschlagen und sofort, mit Petersilie bestreut, servieren.

Man kann geröstete Brotwürfel extra dazu reichen.

300 g	Pastinaken , gewürfelt
300 g	Karotten, gewürfelt
250 g	Kürbis (Hokkaido), entkernt, gewürfelt
1	Zwiebel, gewürfelt
30 g	Butter
1 l	Gemüsebrühe (Instant)
1 EL	Zitronensaft
	Salz
	Pfeffer

Pastinakensuppe

Zwiebel in Butter glasig dünsten, Gemüse zugeben, circa vier Minuten bei mittlerer Hitze anbraten, Gemüsebrühe zugießen und mit Salz und Pfeffer würzen. Zugedeckt zum Kochen bringen und circa 25 Minuten kochen lassen.

Die Suppe pürieren und mit Zitronensaft abschmecken.

Wirsingrahmsuppe

1	Zwiebel	3 EL	Butter
400 g	Wirsing	1 l	Gemüsebrühe (Instant)
250 g	Kartoffeln, mehlig kochend	200 ml	Sahne

Wirsing putzen und dicke Blattrippen entfernen, dann in Streifen schneiden. Zwiebel würfeln, Kartoffeln schälen und grob würfeln. Butter in einem Topf erhitzen, die Zwiebel glasig dünsten, Kartoffelwürfel und Wirsingstreifen zugeben und zwei Minuten mitdünsten. Mit Gemüsebrühe und Sahne aufgießen und mit Salz und Pfeffer würzen. Zugedeckt aufkochen und bei mittlerer Hitze circa 20 Minuten köcheln.

Die Suppe zum Schluss fein pürieren und anrichten.

Winter

Alant-Kartoffelsuppe

300 g	Zwiebeln	800 g	Kartoffeln
2	Karotten	200 g	Pfahlwurzeln des Alant (oder Schwarzwurzeln)
2	Knoblauchzehen	1,5 l	Wasser
20 g	Sonnenblumenöl	2 TL	Salz
			weißer Pfeffer
		2 EL	Brennnesselblätter, fein gehackt
		1/8 l	Portwein

Zwiebeln und Knoblauch schälen, fein würfeln. Karotten in feine Streifen schneiden und alles im Topf mit Öl andünsten. Kartoffeln und Alantwurzeln schälen und würfeln, zugeben und mitdünsten. Mit Wasser aufgießen und mit Salz und Pfeffer würzen. Etwa 20 Minuten köcheln lassen. Die Brennnesselblätter fein hacken und zum Schluss zur Suppe geben, kurz mitkochen und die Suppe mit Portwein verfeinern.

Steckrübensuppe

500 g	Steckrüben
2 EL	Öl
1 Stange	Lauch
1	Zwiebel
½	Stück frischer Ingwer
1 TL	Currypulver
½ TL	Kurkuma
ca. 1,2 l	Gemüsebrühe (Instant)
200 ml	Schlagsahne
	Salz
	Pfeffer
etwas	abgeriebene Muskatnuss
etwas	Zitronensaft oder Weißwein zum Abschmecken

Zuerst die Steckrübe mit einem Sparschäler schälen, anschließend in Würfel schneiden. Zwiebel und Ingwer ebenfalls sehr klein würfeln. Die Lauchstange der Länge nach halbieren, unter kaltem Wasser waschen und in schmale Scheiben schneiden.
Das Öl in einem Kochtopf erhitzen. Nacheinander Zwiebeln, Ingwer, Lauchringe und Steckrübenwürfel in den Topf geben und unter ständigem Wenden ein paar Minuten sanft, hell anschmoren. Currypulver und Kurkuma darüberstreuen. Mit der Brühe aufgießen und aufkochen, danach zugedeckt langsam weiterkochen lassen, bis die Steckrüben weich sind, etwa 30 bis 35 Minuten. Mit einem Mixer fein pürieren.
Schlagsahne und evebtuell zusätzliche Brühe hinzugießen, um eine sämige, dennoch nicht zu dicke Suppe zu erhalten. Mit Salz und Pfeffer pikant abschmecken.
Zum Servieren mit Schnittlauchröllchen oder Suppencroutons bestreuen.

Rote Beete-Salat

2 Rote Beete
4 Stangen Staudensellerie
Salz
Pfeffer
Zucker
Weißweinessig
Öl
Schnittlauch

Die Rote Beete je nach Größe in Salzwasser circa 35 bis 45 Minuten kochen lassen, abgießen, mit einem Messer die Schale abziehen und die Knollen in Scheiben schneiden. Staudensellerie waschen, putzen und in ein Zentimeter lange Stifte schneiden.
Nun alle Zutaten miteinamder mischen.
Für die Soße den Essig mit Salz, Pfeffer und Zucker verrühren.
Den warmen Rote Beete-Salat anmachen und durchziehen lassen.

Erst dann das Öl zugeben. Schnittlauchröllchen darüberstreuen.

Tipp: Wer es etwas fruchtiger will, gibt zwei Orangen dazu. Diese mit dem Messer schälen, so dass alles Weiße entfernt ist, anschließend in kleinere Würfel schneiden und zum Salat geben.

Rote Beete-Rohkost

250 g	Rote Beete
300 g	Äpfel
Salatsoße:	
150 g	Joghurt
1 EL	Meerrettich
1 EL	Zitronensaft
1 Msp.	Ingwer
	Salz
	Pfeffer
	Zimt

Rote Beete und Äpfel schälen und raspeln. Aus Joghurt, Zitronensaft, Meerrettich, Salz, Pfeffer und Zimt eine Salatsoße zubereiten. Soße über die Rohkost gießen und alles vermengen.

Fenchel-Salat mit Honig-Senf-Vinaigrette

2 EL	gehackte Walnusskerne	2 EL	Obstessig
2 kleine	Fenchelknollen	1 TL	Dijonsenf
1	rote Zwiebel	2 TL	flüssiger Honig
200 g	Feldsalat		Salz
½	Gurke		Pfeffer
1	saftiger, roter, Apfel	2 EL	Öl (z. B. Walnussöl)

Fenchel waschen, putzen und den Strunk entfernen. Fenchel in feine Streifen hobeln oder schneiden. Zwiebel schälen, halbieren, in sehr feine Streifen hobeln oder schneiden. Gurke und den Apfel schälen und in Würfel schneiden.

Feldsalat waschen und trocken schütteln. Essig, Senf und Honig verrühren. Mit Salz und Pfeffer würzen.
Öl darunterschlagen. Fenchel, Zwiebel, Feldsalat, Gurke, Apfel ,Walnusskerne und Vinaigrette mischen.
Mit Salz und Pfeffer abschmecken.

Tipp: Für die Vinaigrette Orange so schälen, dass die weiße Haut vollständig entfernt wird, und Orange in kleine Würfel schneiden. Ebenso die Advocado in kleine Würfel schneiden.

Winterlicher Blaukrautsalat

½ Kopf	Blaukraut
1 EL	Salz
1	Karotte
1	Zwiebel
1	Apfel
5 EL	Öl
3 EL	Apfelessig
1 EL	Zitronensaft
1 EL	Orangensaft
2 EL	Zucker
⅛ l	saure Sahne

Blaukraut putzen, vierteln, Strunk herausschneiden und in sehr feine Streifen hobeln. Nun das Salz untermischen, das Kraut feststampfen und ziehen lassen. Karotte waschen, schälen und fein raspeln. Zwiebel in sehr feine Halbringe schneiden.
Den Apfel waschen, schälen, vierteln, entkernen, in dünne Scheiben schneiden. Alle Zutaten unter das Kraut mengen.

Die Marinadenzutaten gut miteinander verrühren, den Salat anmachen und durchziehen lassen.
Saure Sahne vor dem Servieren über den Salat gießen.

Blaukrautsalat, roh

ca. ¾ kg	Blaukraut
½	Zwiebel
1	Knoblauchzehe
1	Apfel
5 EL	Essig
1 ½ TL	Salz
1 gute Prise	Zucker
1 gute Prise	Zimt, gemahlen
1 gute Prise	Nelken, gemahlen
3 EL	Öl

Blaukraut putzen, Kopf halbieren, waschen, Strunk entfernen, sehr fein hobeln. Zwiebel schälen, klein schneiden. Knoblauch schälen, sehr fein schneiden oder durchpressen. Apfel waschen, grob hobeln oder fein schnitzeln.
Alles außer Öl mischen, mindestens eine Stunde durchziehen lassen, Öl dazu, abschmecken.

Feiner Wintersalat mit Petersilienwurzeln in zarter Käsehülle

200 g	Feldsalat
2 dicke	Petersilienwurzeln, ca. 250 g
1	rote Paprikaschote
2	Eier
100 g	würziger Bergkäse, gerieben
2 EL	Olivenöl
3 EL	Mehl

Soße:

4 EL	Weißweinessig
6 EL	Olivenöl
2 EL	Wasser
	Salz
	Pfeffer

Petersilienwurzeln putzen, waschen, schälen, vom Stielansatz her quer in zwölf Scheiben (1 cm dick) schneiden.
Eier mit Käse verquirlen, leicht salzen. Olivenöl in einer Pfanne erhitzen. Die Petersilienwurzelscheiben erst in Mehl, dann in der Käsemasse wenden. Im Öl bei mittlerer Hitze etwa acht Minuten goldgelb braten. Paprika waschen, halbieren, entkernen, fein würfeln. Dressing aus Essig, Öl, Salz, Pfeffer und Wasser herstellen.
Feldsalat geputzt auf Tellern verteilen, Käseschnitzele darauf anrichten, mit Dressing beträufeln.
Paprikawürfel daraufgeben.

Schwarzwurzelsalat mit Rucola

750 g	Schwarzwurzeln
400 g	kleine Tomaten (Cherry oder Kirsch)
100 g	Rucola
	Salz, Zucker
½	Zitrone
1 EL	Butter
80 ml	Balsamico
3 EL	Honig
1 Prise	Salz
50 g	Walnusskerne

Winter

Wasser in einem Topf zusammen mit etwas Salz, Zucker, der halben Zitrone und einem Esslöffel Butter zum Kochen bringen. In der Zwischenzeit die Schwarzwurzeln sorgfältig schälen und die Enden abschneiden. Die Stangen in mundgerechte Stücke schneiden.

Die Schwarzwurzelstücke ins kochende Wasser geben und eine Minute leicht köcheln lassen. Danach den Herd ausschalten und einfach für insgesamt 20 Minuten im geschlossenen Topf ziehen lassen. Jetzt abgießen und etwas abkühlen lassen. Währenddessen Tomaten und Rucola waschen. Die Tomaten halbieren und zusammen mit den Schwarzwurzeln und dem Rucola auf zwei Tellern anrichten. Dann Walnusskerne trocken in der Pfanne bei mittlerer Hitze braun rösten, bis sie duften.
Die warme Balsamicoreduktion über den Salat verteilen und mit den gerösteten Walnüssen garnieren.

Balsamicoreduktion: Essig in einen Topf füllen und erhitzen. Etwas von dem Honig und eine Prise Salz zufügen und das Ganze so lange reduzieren, bis der Balsamico eine dickflüssige Konsistenz hat. Zum Schluss mit Honig und Salz abschmecken.

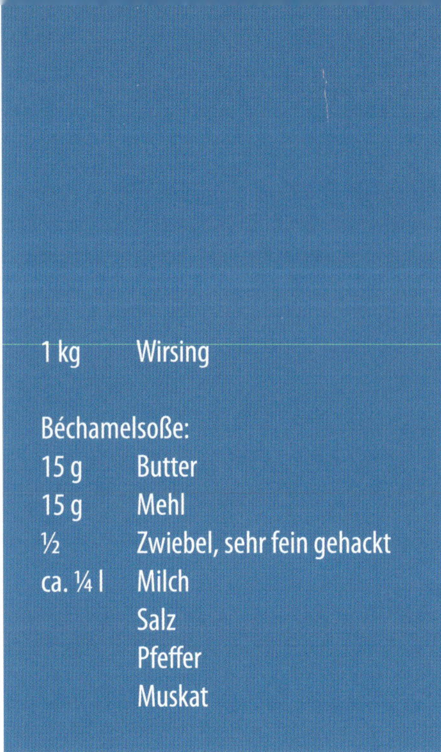

1 kg	Wirsing

Béchamelsoße:

15 g	Butter
15 g	Mehl
½	Zwiebel, sehr fein gehackt
ca. ¼ l	Milch
	Salz
	Pfeffer
	Muskat

Wirsinggemüse

Wirsing in größere Würfel schneiden und in sehr wenig Salzwasser bissfest kochen.

Für die Béchamelsoße Zwiebel in der Butter glasig dünsten, helle Einbrenne herstellen, zum Kochen bringen. Unter häufigem Umrühren bei niedriger Hitze zehn Minuten kochen lassen. Würzen. Wirsing abseihen, in eine Schüssel geben und die fertige Soße darübergießen. Vorsichtig unterheben und servieren.

Schnelle Schwarzwurzel-Spitzwegerich-Pizza

2 P.	TK-Blätterteig
Für den Belag:	
400 g	Schwarzwurzeln
3 EL	Rapsöl
100 g	alter Bergkäse
2	Knoblauchzehen
200 g	Schmand
	Kräutersalz, Pfeffer
20	Spitzwegerichblätter

Den Blätterteig antauen lassen und auf dem Backblech verteilen, sodass die Blätter sich leicht überlappen.
Die Schwarzwurzeln waschen, schälen und die Enden abschneiden. Die Knoblauchzehen schälen und durchdrücken.
Das Öl in der Pfanne erhitzen und die Schwarzwurzeln darin rundherum etwa vier Minuten braten. Anschließend aus der Pfanne nehmen.
Den Bergkäse fein reiben. Die Hälfte des Reibkäses mit dem Schmand in einer Schüssel mischen. Die Masse mit Knoblauch, Kräutersalz und Pfeffer würzen.
Den Blätterteig mit der Schmandmischung bestreichen. Immer eine Schwarzwurzelstange mit zwei Spitzwegerichblättern umwickeln und auf die Pizza legen.
Zuletzt mit dem restlichen Käse bestreuen und bei 230° C etwa 15 bis 20 Minuten backen.

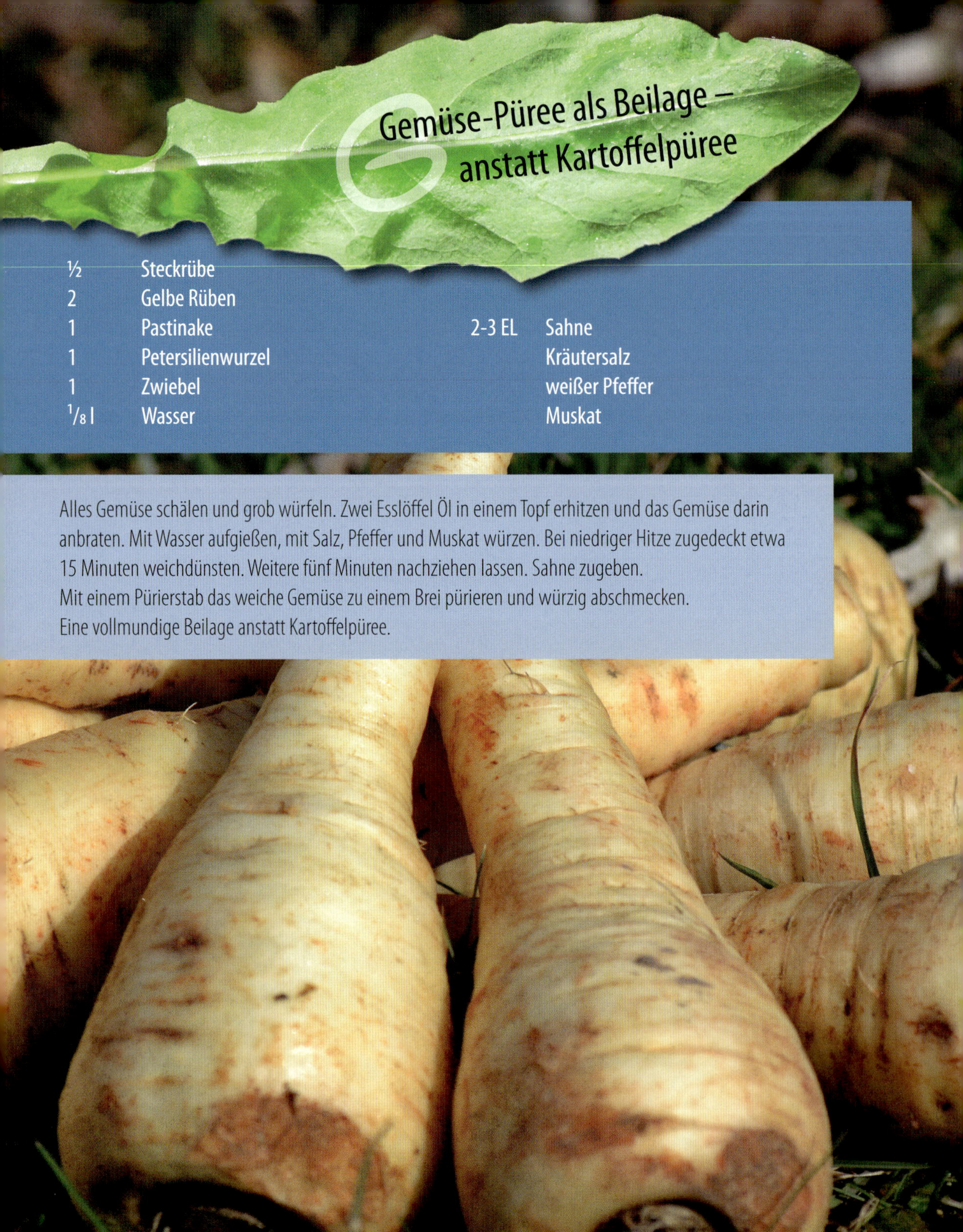

Gemüse-Püree als Beilage – anstatt Kartoffelpüree

½	Steckrübe		
2	Gelbe Rüben		
1	Pastinake	2-3 EL	Sahne
1	Petersilienwurzel		Kräutersalz
1	Zwiebel		weißer Pfeffer
1/8 l	Wasser		Muskat

Alles Gemüse schälen und grob würfeln. Zwei Esslöffel Öl in einem Topf erhitzen und das Gemüse darin anbraten. Mit Wasser aufgießen, mit Salz, Pfeffer und Muskat würzen. Bei niedriger Hitze zugedeckt etwa 15 Minuten weichdünsten. Weitere fünf Minuten nachziehen lassen. Sahne zugeben.
Mit einem Pürierstab das weiche Gemüse zu einem Brei pürieren und würzig abschmecken.
Eine vollmundige Beilage anstatt Kartoffelpüree.

Rosenkohl-Gnocchi-Gratin

500 g	Gnocchi (Kühlregal)
	Salz
500 g	TK-Rosenkohl
200 g	kleine Strauchtomaten
½ Bund	Petersilie
250 g	Sahne
150 g	geriebener Emmentaler
2 TL	Speisestärke
	Pfeffer
	Fett für die Form

Die Gnocchi in reichlich Salzwasser einmal aufkochen, dann bei schwacher Hitze zwei Minuten ziehen lassen. Mit einer Schaumkelle herausheben und in einem Sieb abtropfen lassen.
Das Salzwasser erneut aufkochen, den gefrorenen Rosenkohl hineingeben und darin ohne Deckel zwei Minuten sprudelnd kochen. Rosenkohl abgießen, abschrecken und gut abtropfen lassen.
Den Backofen auf 180° C vorheizen. Tomaten waschen und halbieren. Petersilie waschen, Blättchen abzupfen und fein hacken.

Sahne, 100 g Käse und Speisestärke in einer großen Schüssel verrühren. Zwei Drittel der Petersilie untermischen, alles mit Salz und Pfeffer würzen.

Die Gnocchi untermischen.
Eine Auflaufform (circa 30 x 20 cm) einfetten, die Gnocchi-Mischung hineingeben. Rosenkohl, Tomaten darauf verteilen und mit dem übrigen Käse bestreuen.
Auflauf im heißen Ofen (Umluft 180° C) 25 Minuten überbacken.

Mit der restlichen Petersilie bestreut servieren.

Rosenkohl-Champignon-Spätzlepfanne

750 g	TK-Rosenkohl	100 ml	Weißwein
400 g	Champignons	1	Gemüsebrühwürfel
40 g	Butter	100 ml	Sahne
1	Zwiebel		Salz
1	Knoblauchzehe		Pfeffer
1 kg	Spätzle (aus dem Kühlregal)		Kümmel, gemahlen

Zwiebel würfeln, Knoblauch durchpressen, Champignons in Scheiben schneiden.
In einer Pfanne Butter erhitzen, Zwiebel glasig dünsten, Knoblauch und Champignons dazugeben, dann den Rosenkohl, weiter andünsten. Gemüsebrühwürfel dazugeben und mit Sahne und Wein aufgießen.
Würzen mit Salz, Pfeffer und Kümmel. Zum Kochen bringen, circa fünf Minuten köcheln, Spätzle dazugeben, aufkochen lassen und etwa zehn Minuten auf ausgeschalteter Platte nachziehen lassen.

Winter

Krautkrapfen amol andersch

Nudelteig:

300 g	Mehl
¼ TL	Salz
2	Eier
4 EL	Wasser

Sauerkraut:

750 g	Sauerkraut
30-50 g	Butterschmalz oder anderes Fett
1	Zwiebel
1-2	Äpfel nach Belieben
einige	Wacholderbeeren
etwa ¼ - ½ l	Gemüsebrühe
etwas	Salz
	Pfeffer
	Kümmel

Nudelteig:
Aus Mehl, Eier, Salz und Wasser in der Küchenmaschine einen vollkommen glatten Teig kneten, der beim Durchschneiden eine marmorierte Zeichnung aufweist.Den Teig in drei Portionen teilen, mit einer Schüssel abdecken und sofort portionsweise auf einer wenig bemehlten Fläche zu dünnen Flecken auswellen. Diese an der Luft antrocknen, aber nicht zu trocken und brüchig werden lassen.

Sauerkraut:
Fein geschnittene Zwiebel in Fett andünsten und geschälte, fein geschnittene Äpfel zugeben, durchdünsten. Kraut aus der Dose aufgelockert zugeben, andünsten, etwas Gemüsebrühe, Wacholderbeeren und Gewürze beifügen, in geschlossenem Topf bei mäßiger Hitze gar dünsten, je nach Bedarf etwas Flüssigkeit zugießen. Garzeit je nach Qualität des Sauerkrautes eine halbe bis eine Stunde; zuletzt nochmals abschmecken. Günstig im Dampfdrucktopf herzustellen, da die Garzeit hierbei auf etwa acht bis zehn Minuten verkürzt wird.

Nun mit dem gut abgeschmeckten, erkalteten Sauerkraut belegen, wie einen Strudel aufrollen und in gleichmäßige, etwa 4 cm lange Stücke schneiden. Diese mit einer Schnittfläche nach unten in einen gefetteten Schmortopf oder in eine Bratreine setzen, etwas anbräunen lassen und in vorgeheizter Röhre oder bei mäßiger Hitze auf dem Herd zugedeckt etwa eine halbe Stunde garen, unter Zugabe von etwa ⅛ bis ¼ l Brühe.

Blumenkohl-Kartoffel-Gratin

1 kg	Blumenkohl	250 g	Schlagsahne
500 g	Kartoffeln		Salz
1	Knoblauchzehe		Pfeffer
100 g	würziger Bergkäse	1 EL	Butter
250 ml	Gemüsebrühe (Instant)		Fett (für die Form)

Blumenkohl waschen und die Röschen vom Strunk trennen. Röschen in dünne Scheiben schneiden. Kartoffeln schälen, waschen und in dünne Scheiben hobeln. Knoblauch schälen und durchpressen.

Den Käse fein reiben. Gemüsebrühe und Sahne aufkochen und ohne Deckel etwa fünf Minuten einkochen lassen. Den Backofen auf 200° C, Umluft 180° C vorheizen.

Blumenkohl, Kartoffeln, Knoblauch und 70 g geriebenen Käse in eine ovale gefettete Auflaufform schichten, dabei mit Salz und Pfeffer würzen. Die Brühe-Sahne-Mischung darübergießen und den restlichen Käse darüberstreuen. Die Butter in kleinen Flöckchen darauf verteilen.

Das Gratin im heißen Ofen etwa 45 Minuten goldbraun backen, dabei eventuell abdecken.

Wirsingstrudel

¼ Kopf	Wirsing
50 g	getrocknete Tomaten (in Öl, abgetropft)
1	Zwiebel
4 EL	Olivenöl
100 ml	Sahne
1 Rolle	Blätterteig, (aus dem Kühlregal)
4	Champignons
1	Ei
100 g	würziger Bergkäse oder Parmesan, gerieben
	Salz
	Pfeffer

Beim Wirsing den dicken Strunk herausschneiden. Wirsing in 2 cm breite Streifen schneiden, in kochendem Salzwasser fünf Minuten blanchieren, anschließend abgießen, abschrecken mit kaltem Wasser und gut abtropfen lassen.
Zwiebel würfeln und mit zwei Esslöffel Olivenöl glasig dünsten. Den Wirsing kurz mitdünsten. 100 ml Sahne zugießen, aufkochen, würzen. Einkochen lassen. Gehackte Tomaten zugeben, abkühlen lassen.
Die Champignons blättrig schneiden. Das Ei verquirlen und mit dem Käse unter den Wirsing mischen. Mit Salz und Pfeffer abschmecken. Wirsingmasse auf den Blätterteig streichen, das Ganze aufrollen. Die Seiten zudrücken und den Strudel mit der Nahtstelle nach unten auf ein mit Backpapier belegtes Backblech legen. Mit Eigelb bestreichen.
Im Ofen bei 180° C Umluft circa 30 Minuten backen.

Pilzrahmsoße:

500 g	Champignons
100 g	Weißwein
2 TL	Zitronensaft
3 EL	heller Soßenbinder
100 ml	Sahne

Pilzrahmsoße:
Champignons putzen, halbieren. In einer Pfanne hellbraun anbraten. Mit Wein ablöschen, Sahne zugießen, aufkochen. Mit Salz, Pfeffer und Zitronensaft würzen und mit Soßenbinder binden. Den Strudel mit Pilzrahmsoße anrichten.
Dazu passt ein gemischter Salat.

Krautrouladen mit Gemüse-Dinkel-Füllung

1 Kopf	Weißkraut
200 g	Dinkelschrot
400 ml	Wasser
	Salz
	Pfeffer
	Kümmel
	Butterschmalz
2	Zwiebeln
250 g	gemischtes Gemüse (Karotten, Paprika, Zucchini)
	Thymian
1	Knoblauchzehe
2	Eier
15 g	würziger Bergkäse oder Parmesan
2 EL	Mehl

2 EL	Butterschmalz
1	Zwiebel
400 g	passierte, frische Tomaten
1	Knoblauchzehe
1 EL	Zucker
	Salz
	Pfeffer
	Basilikum
100 g	geriebener Bergkäse

Dinkelschrot bei kleiner Hitze mit dem Wasser und einem Teelöffel Salz aufkochen und 20 Minuten quellen lassen.
Vom Weißkrautkopf circa acht große Blätter vorsichtig im Ganzen entfernen, Strunk herausschneiden, in einen großen Topf mit kochendem Salz/Kümmelwasser geben, die Blätter weich kochen und anschließend abkühlen lassen.
Drei Esslöffel Butterschmalz in einer Pfanne erhitzen und die gewürfelten Zwiebeln glasig dünsten. Das Gemüse in feine Streifen schneiden oder raspeln, dazugeben und mitdünsten.
Mit Salz, Pfeffer, Thymian und Knoblauch würzen.
Den gegarten Dinkelschrot zum Gemüse geben und gut durchmischen, auskühlen lassen. Anschließend Eier, Käse und Mehl unterrühren und abschmecken.
Die Füllung auf die einzelnen Krautblätter verteilen und sie zu Rouladen einrollen.
In einen Bräter schichten, salzen und pfeffern.

Für die Tomatensoße Zwiebel würfeln und in Butterschmalz glasig dünsten. Mit den passierten Tomaten aufgießen. Den durchgepressten Knoblauch, Salz, Pfeffer, Zucker und das zerkleinerte Basilikum zugeben, aufkochen lassen, evtl. nochmal pürieren, abschmecken.
Die Tomatensoße über die Rouladen gießen.
Geriebenen Käse darüberstreuen und im Ofen bei 180° C circa 45 Minuten garen.
Dazu gibt's Salzkartoffeln.

Schwarzwurzelauflauf mit Käsesoße und Kartoffeln

800 g	Schwarzwurzeln (frisch oder TK)
750 g	Kartoffeln
30 g	Butter
evtl. 1	Knoblauchzehe
1	Zwiebel, gewürfelt
40 g	Mehl
200 ml	Gemüsebrühe oder Schwarzwurzel-Sud
200 ml	Sahne
2	Eigelb
100 g	würziger Käse, gerieben
	Salz
	Pfeffer
	Muskat
	frisches Basilikum
	Semmelbrösel

Die frischen Schwarzwurzeln mit Einmalhandschuhen schälen und in gesäuertes Wasser (Essig oder Zitronensaft) legen, sonst verfärben sie sich. In Salzwasser al dente (nur 2/3 der Kochzeit) kochen.
Kartoffeln schälen, kochen, in Scheiben schneiden. Auflaufform einfetten.
Zwiebel und evtl. gehackten Knoblauch in Butter glasig dünsten, Mehl darüberstäuben, mit Brühe und Sahne aufgießen, unter Rühren aufkochen lassen. Von der Kochstelle nehmen, das Eigelb und den geriebenen Käse einrühren (nicht mehr kochen lassen). Würzen mit Salz, Pfeffer und Muskat.
Schwarzwurzeln in fünf Zentimeter lange Stücke schneiden und nun die Schwarzwurzelstücke und die Kartoffelscheiben abwechselnd in die gefettete Auflaufform schichten, fein geschnittenes Basilikum darüberstreuen und die Käsesoße darübergießen.
Mit Semmelbröseln bestreuen und bei 200° C circa 30 Minuten überbacken.

Allgäuer Wirsing-Lasagne

60 g	Butter	400 g	Champignons
50 g	Mehl	750 g	Wirsing
800 ml	Milch	2 EL	Olivenöl
	Salz, Pfeffer, Muskat		Thymian
2	Zwiebeln	150 g	geriebener Käse
1	Knoblauchzehe		Lasagne-Platten

Aus Butter, Mehl und Milch eine Béchamelsoße zubereiten und mindestens fünf Minuten unter Umrühren kochen lassen. Würzen mit Salz, Pfeffer, Muskat. Anschließend Olivenöl in einer Pfanne erhitzen, eine gewürfelte Zwiebel glasig dünsten, Knoblauch dazugeben, die in Scheiben geschnittenen Pilze darin bei starker Hitze drei Minuten braten. Würzen mit Salz, Pfeffer und Thymian.

Zwei Esslöffel Butter in einer Pfanne erhitzen, die zweite gewürfelte Zwiebel darin glasig dünsten, den in 2 cm breite Streifen geschnittenen Wirsing dazugeben, mit 100 ml Wasser aufgießen und circa zehn Minuten garen. Wirsing salzen und pfeffern. Eine Auflaufform fetten. Etwas Béchamelsoße auf dem Boden verteilen. Dann Lasagneplatten, Pilzmischung, Wirsing, Soße und Käse abwechselnd in die Form schichten. Mit Béchamelsoße und Käse abschließen.
Bei Ober/Unterhitze circa 50 Minuten bei 180° C backen.

Weißkraut-Lasagne

800 g	Weißkraut
200 g	Grünkern, geschrotet
500 ml	Gemüsebrühe
3 EL	Butter
1	Zwiebel, gehackt
evtl. 1	Knoblauchzehe, durchgepresst
1 kg	Tomaten
3 EL	Tomatenmark
200 g	würziger Bergkäse, gerieben
1 P.	7-Kräutermischung, TK
½ P.	Lasagneblätter
	Salz
	Pfeffer
	Zucker
	Oregano

Grünkern in der Gemüsebrühe aufkochen, ausquellen lassen und abkühlen.
Weißkrautkopf in kochendem Salzwasser blanchieren, anschließend den Strunk herausschneiden und die Blätter einzeln ablösen.
Butter erhitzen, Zwiebelwürfel glasig dünsten (eventuell Knoblauch dazu), die grob gehackten Tomaten dazugeben, ebenso das Tomatenmark. Zum Kochen bringen, circa zehn Minuten bei mittlerer Hitze kochen lassen, anschließend im Mixer pürieren. Würzen mit Salz, Pfeffer, Zucker und Oregano.

Nun in eine Auflaufform schichtweise die Weißkrautblätter, den Grünkernbrei, die Lasagneblätter, die Tomatensoße, die Kräuter und den Käse schichten, das Ganze wiederholen, die letzte Schicht ist Käse. Im Backofen bei 200° C circa 25 Minuten backen.

Feine Küchle aus Weißkraut mit Grünkernschrot

6	Weißkrautblätter, gehobelt oder klein geschnitten	1 TL	Salz
8 EL	Grünkernschrot	½ TL	Pfeffer
500 ml	Wasser	1 TL	Senf
2	Eier	5 EL	Parmesan, gerieben
1	Semmel	1 Prise	Ingwer
50 g	Semmelbrösel	1 Prise	Chilipulver
1	Zwiebel, fein gewürfelt	1 Prise	Kreuzkümmel
1	Knoblauchzehe		Butterschmalz

Grünkernschot in etwas Butterschmalz anrösten, bis er leicht bräunt. Geschnittenes Weißkraut dazugeben. Nach dem Andünsten mit dem Wasser aufgießen, fünf Minuten aufkochen lassen und danach bei mittlerer Hitze mit geschlossenem Deckel 15 Minuten köcheln lassen. (Die Flüssigkeit sollte anschließend verdampft sein.) Auskühlen lassen.
Die Semmel in Wasser etwa fünf Minuten einweichen, ausdrücken und in eine Schüssel geben. Eier und sämtliche Gewürze mit der Semmel verrühren. Anschließend die abgekühlte Weißkraut-Grünkern-Masse untermischen. In die leicht feuchte Mischung noch so viel Semmelbrösel geben und unterkneten, bis eine Masse entsteht, die sich gut formen lässt. Nun mit feuchten Händen schöne Küchle formen. Butterschmalz in einer Pfanne erhitzen und die Küchle bei mittlerer Hitze von beiden Seiten je circa fünf Minuten braten, bis sie schön goldbraun sind. Mit Senf und einem Salat servieren.

Steckrübenauflauf

je 200 g	Pastinaken, Karotten und Knollensellerie
350 g	Kartoffeln
350 g	Steckrüben
1 Stange	Lauch
200 g	geriebener würziger Bergkäse

Zuerst die Zwiebel schälen und klein würfeln. Butter erhitzen und Zwiebel und Lorbeerblatt darin andünsten.
Mehl darüberstäuben, mit Milch und Gemüsebrühe aufgießen, würzen und mindestens eine Minute aufkochen lassen.
Lorbeerblatt entfernen.

Kartoffeln, Steckrüben, Pastinaken, Karotten, Lauch und Sellerie waschen und schälen. Alles außer Lauch in 2 cm große Würfel schneiden. Den Lauch halbieren und in Ringe schneiden. Drei Esslöffel Butter

Soße:

1 große	Zwiebel
5 EL	Butter
2 EL	Mehl
400 ml	Milch
250 ml	Gemüsebrühe (Instant)
1	Lorbeerblatt
	Salz
	Pfeffer
	Muskat
1 EL	Senf
½ TL	Meerrettich

in einer Pfanne erhitzen, das Gemüse einige Minuten darin andünsten, salzen und pfeffern. Mit den vorbereiteten Kartoffeln mischen.

Nun das Ganze in eine gefettete Auflaufform geben und die Soße darübergießen.
Den Käse darüberstreuen und im Ofen circa 60 Minuten bei 200° C backen.

Steckrübensoße mit Bandnudeln

1	Zwiebel
1	Knoblauchzehe
700 g	Steckrübe
2 EL	Butter
2 EL	Thymian, gehackt
200 ml	Weißwein
400 ml	Sahne
400 g	Bandnudeln
	Salz
	Pfeffer

Zwiebel fein würfeln, Knoblauchzehe durchpressen, Steckrüben putzen, schälen und in sehr kleine, etwa ½ Zentimeter große Streifen oder Würfel schneiden.

Butter erhitzen und Zwiebelwürfel und Knoblauch glasig dünsten. Steckrüben und Thymian hinzufügen, mit andünsten. Mit Weißwein und Sahne aufgießen und die Soße bei niedriger Hitze circa fünf bis zehn Minuten kochen lassen.

Mit Salz und Pfeffer würzen. Bandnudeln in kochendem Salzwasser bissfest garen. Die Soße mit den abgetropften Nudeln mischen.

Steckrübeneintopf mit Graupen und Wirsing

1	Steckrübe (ca. 450 g)	1 l	Gemüsebrühe
3	Karotten	100 g	Gerstengraupen
300 g	Wirsing		Petersilie, gehackt
1	Zwiebel		Salz
3 EL	Butter		Pfeffer
etwas	Zucker		
2 EL	Apfelessig		

Wirsing waschen, Steckrübe, Karotten und Zwiebel schälen.
Karotten in ½ Zentimeter dicke Scheiben, Zwiebel und Steckrübe in circa ein Zentimeter große Würfel schneiden.
Den Wirsing ebenfalls in zwei Zentimeter große Würfel schneiden (dabei Strunk entfernen). Butter in einem Topf erhitzen, die Zwiebel glasig dünsten, Karotten zugeben, mit Zucker bestreuen und leicht karamellisieren lassen. Steckrüben zugeben. Mit Gemüsebrühe und Apfelessig aufgießen und zum Kochen bringen. Nun den Wirsing zugeben und ohne Deckel bei schwacher Hitze circa 35 Minuten garen lassen.
Graupen in kochendem Salzwasser circa 20 Minuten weich garen. In einem Sieb abgießen. Anschließend unter den Eintopf mischen und mit gehackter Petersilie bestreuen.

Die Steckrübe ist ein altes gesundes Wintergemüse, das inzwischen wieder in den Kaufmärkten im Allgäu zu finden ist oder auf Wochenmärkten.

Graupeneintopf mit Käseklößle

150 g	Graupen oder Rollgerste
	Salz
1	Zwiebel
1	Knoblauchzehe
3	Karotten
1	Petersilienwurzel (oder Pastinake)
1 kleine Stange	Lauch (oder 1 Zucchini)
350 g	Rosenkohl
30 g	Butter
1 l	Gemüsebrühe (Instant)
	Salz
	Pfeffer
Käseklößle:	
1	Ei
50 g	Butter
50 g	geriebener Allgäuer Emmentaler
50 g	Semmelbrösel
	Salz
	Pfeffer
	Muskat
	Schnittlauch

Für die Käseklößle die Butter schaumig rühren und die anderen Zutaten hinzufügen. Mit Salz, Pfeffer und Muskat abschmecken und den Teig kurz quellen lassen.

Graupen in Salzwasser circa 40 Minuten bissfest garen. Abgießen.

Zwiebel schälen, würfeln, Knoblauchzehe durchpressen, Rosenkohl halbieren, Karotten in ½ Zentimeter dicke Scheiben, den halbierten Lauch in 1 cm dicke Ringe schneiden, die Petersilienwurzel (Pastinake) schälen und in 1 Zentimeter große Würfel schneiden. Butter erhitzen und die Zwiebel glasig dünsten, anschließend Knoblauch und das restliche Gemüse zugeben. Mit Brühe aufgießen und zugedeckt bei kleiner Hitze circa 15 Minuten köcheln lassen.

In der Zwischenzeit aus dem Teig kleine Knödel formen und in kochendem Wasser fünf Minuten ziehen lassen (ergibt circa 20 Stück). Die gekochten Graupen in den fertigen Eintopf geben, abschmecken, mit Schnittlauch bestreuen und mit den Käseklößle anrichten.

Rosenkohl-Kartoffel-Gratin

1 kg	Kartoffeln
500 g	Rosenkohl
2 Becher	Schmand
4	Eier
	Salz
	Pfeffer
200 g	Käse, geraspelt

Die Kartoffeln waschen, schälen und klein schneiden, circa 20 Minuten kochen, den Rosenkohl circa zehn Minuten garen.

Kartoffeln und Rosenkohl in eine Auflaufform geben. Den Schmand und die Eier mit Salz und Pfeffer vermischen und über die Kartoffeln und den Rosenkohl geben. Danach noch Raspelkäse darüberstreuen.

Für 30 Minuten bei 200 Grad im vorgeheizten Ofen überbacken.

Kartoffelauflauf

750 g	Kartoffeln	50 g	Emmentaler, gerieben
	Pfeffer	¼ l	Sahne
	Muskat	¼ l	Milch
	Salz	1	Knoblauchzehe

Kartoffeln schälen, mit dem Hobel in dünne Scheiben hobeln.
Lagenweise in die Gratinform legen, mit Salz, Pfeffer, Muskat würzen und mit Käse bestreuen. Sahne und Milch über die Kartoffeln gießen; sie müssen vollständig mit Flüssigkeit bedeckt sein.
Eine Stunde im Ofen bei 200 ° C überbacken.

Pastinakenküchle

500 g	Pastinaken
2	Semmeln, altbacken
1	Zwiebel
	Salz
	Pfeffer
	Curry
1 Bund	Schnittlauch
4	Eier
n. B.	Semmelbrösel
	Butterschmalz zum Braten

Die Semmeln mit 150 ml lauwarmem Wasser begießen. Pastinaken waschen, schälen und grob raspeln. Die Zwiebel schälen und würfeln.

Butterschmalz erhitzen, Pastinakenraspeln und Zwiebelwürfel darin anbraten, anschließend auskühlen lassen. Das Gemüse mit Salz, Pfeffer und Curry würzen. Die Semmeln gut ausdrücken und zusammen mit den Eiern zum Gemüse geben. Alles gut vermengen. So viel Semmelbrösel zugeben, dass ein geschmeidiger Teig entsteht.

Schnittlauchröllchen hinzufügen und den Teig mit Salz und Pfeffer abschmecken. Dann mit angefeuchteten Händen kleine, flache Küchlein formen. Im Butterschmalz von beiden Seiten mehrere Minuten bei mittlerer Hitze anbraten.

Dazu empfehlen wir als Beilage Kartoffelpüree und Salat mit Kresse.

Gemüsebandnudeln, winterlich, mit Kürbiskernpesto

250 g	Bandnudeln	1	Knoblauchzehe
30 g	Butter oder Olivenöl	160 ml	Olivenöl
2	Karotten		Salz
2	Pastinaken		Pfeffer
400 g	Kürbis		Petersilie
	Salz	1 TL	Zitronensaft
	Pfeffer	2 EL	Kürbiskernöl
100 g	Kürbiskerne		Parmesan, gerieben

Die Nudeln in Salzwasser kochen, abgießen und warmstellen.

Karotten und Pastinaken schälen und zusammen mit dem Kürbis mit dem Schäler zu langen, dünnen Streifen schneiden.

In einer Pfanne Butter erhitzen und die Gemüsestreifen kurz anschwitzen, würzen mit Salz und Pfeffer .

Kürbiskerne, Knoblauchzehe und das Öl mit einem Pürierstab fein pürieren. Mit Salz und Pfeffer würzen. Etwas Petersilie dazupürieren. Abschmecken mit Zitronensaft und Kürbiskernöl. Nun die Gemüsestreifen unter die Nudeln heben. Alles mit $^{2}/_{3}$ Pesto mischen. Auf Tellern verteilen und mit restlichem Pesto und geriebenem Parmesan anrichten.

1 ¼ l	Gemüsebrühe
300 g	Linsen
250 g	Kartoffeln
350 g	Weißkohl, in Streifen geschnitten
250 g	Sellerie, gewürfelt
200 g	Karotten, gewürfelt
30 g	Petersilienwurzel, gewürfelt
1	Knoblauchzehe, gehackt
1	große Zwiebel, geviertelt
8	Nelken
	Salz
	Pfeffer
	Paprika
½ Stange	Lauch
30 g	Butter

Linseneintopf

Die Linsen über Nacht einweichen.
Die Zwiebel mit den Nelken spicken und zusammen mit den Linsen und den Kartoffeln circa zehn Minuten in der Gemüsebrühe garen. Die Karotten, den Sellerie, die Petersilienwurzel, das Weißkraut und den Knoblauch dazugeben und weitere 10 bis 20 Minuten köcheln lassen. Fünf Minuten vor Ende den in Ringe geschnittenen Lauch hinzufügen.
Die Zwiebel entfernen, die Butter darin schmelzen und den Eintopf mit Salz, Pfeffer und Paprika würzen.

Veggiebraten

50 g	Olivenöl
1 Stange	Lauch
100 g	Karotten
1	Zwiebel
250 g	Grünkern, grob geschrotet
½ l	Wasser
1	Gemüsebrühwürfel
2 EL	frischer Thymian
200 g	Paniermehl
15 g	Mehl
1	Ei
	Salz
	Pfeffer
	Muskat
	Senf

Tomatensoße:

500 g	Tomaten
1	Zwiebel
30 g	Butter
	Salz
	Pfeffer
	Zucker
	Oregano

Zwiebel, Karotten und Lauch sehr klein schneiden.
Geschroteten Grünkern mit Öl in einem Topf andünsten, Gemüse und Thymian dazugeben und mitdünsten.

Mit dem in kochendem Wasser gelösten Brühwürfel aufgießen und etwa 15 bis 20 Minuten bei kleiner Hitze vorsichtig quellen lassen. Ei, Mehl, Paniermehl gleichmäßig unterrühren. Mit Salz, Pfeffer und Muskatnuss abschmecken.

Einen länglichen Laib formen und diesen komplett mit Senf bestreichen.
Im Ofen bei Umluft (circa 180-200° C)
circa 40 Minuten backen.

Für die Tomatensoße die Zwiebel und die Tomaten würfeln. Zwiebel in Butter glasig dünsten, Tomatenwürfel dazugeben, würzen und circa zehn Minuten köcheln lassen. Anschließend mit einem Zauberstab pürieren.

Chinakohl, überbacken

500 g	Kartoffeln
500 g	Chinakohl oder Chicorée
350 g	Schwarzwurzeln oder Sellerie
1	Zwiebel
	Curry
	Paprika
	Kräutersalz
150 ml	Sahne
2	Eier
30 g	Butter
100 g	geriebener Käse

Kartoffeln und Schwarzwurzeln bzw. Sellerie waschen, schälen, in Würfel schneiden und in einem Topf mit Wasser etwa 15 Minuten bissfest garen. In der Zwischenzeit Chinakohl putzen und in breite Streifen schneiden. Zwiebel fein würfeln. Alles zusammen in eine gefettete Auflaufform geben.

Sahne, Eier und Gewürze gut verrühren und über das Gemüse gießen. Mit geriebenem Käse überstreuen und im Backofen bei 220° C etwa 30 Minuten backen.

Winterliche Ratatouille

500 g	Rosenkohl	6 EL	Olivenöl
	Salz	1 Dose	Tomaten, stückig
1	Zwiebel	300 ml	Gemüsebrühe (Instant)
250 g	Karotten		Salz, Pfeffer
300 g	Staudensellerie		Kräuter der Provence

Rosenkohl putzen, Wurzeln kreuzartig einschneiden, in kochendem Salzwasser circa zehn Minuten garen, dann abgießen und kalt abschrecken.
Zwiebel schälen und klein würfeln, Karotten schälen und schräg in circa ½ cm dicke Scheiben schneiden.
Staudensellerie waschen und in 2 cm große Stücke schneiden. Olivenöl erhitzen, Zwiebeln darin glasig dünsten, Gemüse zugeben. Bei kleiner Hitze circa sechs Minuten dünsten, dann Tomaten, Brühe, Gewürze und Kräuter der Provence hinzufügen. Zugedeckt bei kleiner Hitze etwa zehn Minuten köcheln lassen.

Petersilienwurzelküchle an Tomatensoße

1	Zwiebel
3 EL	Olivenöl
100 g	Dinkel, grob geschrotet
250 ml	Gemüsebrühe (Instant)
250 g	Petersilienwurzel
kleiner Bund	Petersilie
1	Ei
50 g	Mehl
1 EL	Stärke
Tomatensoße:	
500 g	Tomaten
1	Zwiebel
30 g	Butter
	Salz
	Pfeffer
	Zucker
	Oregano

Zwiebel fein würfeln, in Olivenöl glasig dünsten. Dinkelschrot zugeben und mit Gemüsebrühe aufgießen. Bei mittlerer Hitze 20 bis 25 Minuten quellen lassen.

Petersilienwurzel schälen und fein reiben. Petersilienblätter von den Stielen zupfen und fein hacken. Dinkel, geriebene Petersilienwurzel und gehackte Petersilie, Ei, Mehl und Stärke mischen und miteinander verkneten. Würzen mit Salz und Pfeffer.

Olivenöl in einer Pfanne erhitzen. Jeweils aus einem großen Esslöffel Teig einen Knödel formen, in die Pfanne geben, flachdrücken und auf jeder Seite fünf Minuten bei mittlerer bis höherer Hitze goldgelb braten.

Für die Tomatensoße die Zwiebel und die Tomaten würfeln. Zwiebel in Butter glasig dünsten, Tomatenwürfel dazugeben, würzen und circa zehn Minuten köcheln lassen. Anschließend mit einem Zauberstab pürieren.

Quittengelee und Quittenbrot

Für das Gelee:

1 ½ kg	Quitten
8 EL	Zitronensaft
	Wasser oder Apfelsaft
ca. 1 kg	Gelierzucker 1:1
2 EL	Walnusslikör
1 TL	Zimt, Vanille oder Chili

Zusätzlich für das Quittenbrot:

	Zucker nach Bedarf
evtl.	eckige Oblaten
	Walnüsse

Die Quitten mit einem trockenen Geschirrtuch sorgfältig abreiben und den Flaum entfernen. Eine Schüssel mit kaltem Zitronenwasser vorbereiten. Die Quitten vierteln und das Kernhaus ganz knapp abschneiden, dann in Stücke schneiden. Nur den Stielansatz und die Blüten entfernen. Die Schale und das Kerngehäuse werden mit verwendet - das bringt zusätzliches Aroma. Die geschnittenen Quittenstückchen schnell in das Zitronenwasser geben, damit sie sich möglichst wenig braun färben. Die Quitten in dem Zitronenwasser bei kleiner Hitze etwa 30 Minuten weich köcheln.

Allgäuer Kräuterlandhof Epple, Opfenbach

Zubereitung des Gelees: Die Quitten in einer Schüssel in ein altes Geschirrtuch geben und den Saft ablaufen lassen. Tipp: Einen Stuhl umdrehen und das Tuch über die Stuhlbeine stülpen. Je weniger Druck ausgeübt wird, desto heller und klarer wird das Gelee. Den Saft genau abmessen und mit der gleichen Menge Gelierzucker in einem großen Topf aufkochen lassen. Das Gelee etwa drei bis vier Minuten kochen lassen. Gelierprobe machen und beachten, dass das fertige Gelee später im Glas noch etwas nachgeliert. Vom Herd nehmen und nach Wunsch noch etwas abschmecken. Noch heiß in saubere, vorbereitete Twist-Off-Gläser füllen und sofort verschließen.

Zubereitung des Quittenbrotes: Aus den im Sieb bzw. Tuch verbliebenen Früchten wird nun das Quittenbrot hergestellt. Fruchtstücke mit einem Zauberstab oder ähnlichem ganz fein pürieren. Das jetzt an Apfelmus erinnernde Fruchtmus mit exakt der gleichen Menge Zucker aufwiegen. Bei mittlerer Hitze unter ständigem Rühren etwa 45 Minuten einkochen. Vorsicht - die Masse setzt sich schnell am Topfboden an.
Ein Kuchenblech etwas ölen. Die cremige Paste auf dem Blech circa zwei Zentimeter hoch aufstreichen und etwa drei Tage in einem warmen Raum trocknen lassen. Wer es sehr eilig hat, kann das Quittenbrot auch bei halb geöffneter Backofentür bei circa 50 Grad etwa fünf bis sechs Stunden dörren lassen. Das Quittenbrot in kleine Würfel oder Rauten schneiden. Die Würfel entweder auf die Oblaten legen oder in etwas gemahlenen Walnüssen wälzen, damit sie nicht kleben.
Die Quittenwürfel in einem gut schließenden Gefäß (Blechdose) aufbewahren. Zwischen die einzelnen Schichten Pergamentpapier legen, damit die Würfel nicht aneinander kleben. Für diese „Leckerei" hat übrigens schon Nostradamus geschwärmt.

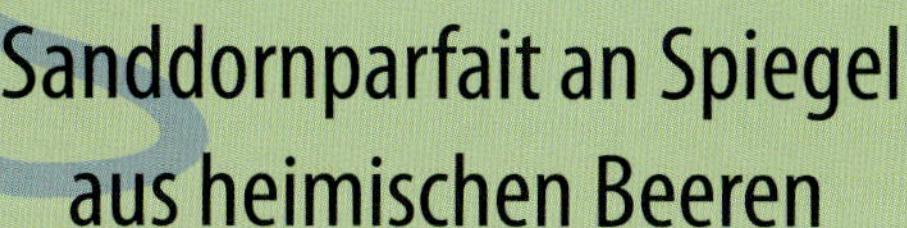

Sanddornparfait an Spiegel aus heimischen Beeren

Sanddornsaft:

1 kg	Sanddorn
400 g	Zucker

Sanddornparfait:

4	Eier
	getrennt in Eigelb und Eiweiß
2 x 20 g	Zucker
50 ml	Sanddornsaft
2 Becher	Sahne
300 g	Beeren, TK oder frisch
50 g	Zucker
	Kakaopulver
	Zitronenmelisse

Sanddornbeeren in einen Topf geben, so viel Wasser aufgießen, dass die Beeren gerade bedeckt sind, aufkochen und zehn Minuten bei kleiner Hitze köcheln, dann durch ein feines Sieb passieren. Den gewonnenen Saft mit Zucker nochmals aufkochen lassen.

Für das Parfait Eigelb mit Zucker schaumig schlagen, ebenso das Eiweiß. Die Sahne steif schlagen. Nun die Sahne, den abgekühlten Sanddornsirup und die Eigelbschaummasse unter das mit Zucker steif geschlagene Eiweiß ziehen. In eine Form füllen und im Gefrierfach über Nacht fest werden lassen.

Beeren mit Zucker pürieren. Teller schön mit Kakaopulver besieben, einen Beerenspiegel drapieren, anschließend die Parfaitform kurz in heißes Wasser tauchen und stürzen. Das Parfait in Portionsscheiben schneiden, auf dem Teller anrichten und mit Sanddornsirup beträufeln. Mit Zitronenmelisse garnieren.

Bratäpfel mit Marzipan

4 Äpfel, mittelgroß

Füllung:
3 EL gehackte Nüsse
2 EL Zucker
1 EL Weinbeeren
2 EL Rum oder Kirschwasser
50 g Marzipan-Rohmasse
2 EL Aprikosenmarmelade

zum Bestreuen:
Zimtzucker

Äpfel waschen, trocknen, das Kernhaus ausstechen und die Früchte in einen gefetteten, flachen Topf setzen.
Die gehackten Nüsse mit den Weinbeeren und dem Zucker mischen. Marzipan mit der Aprikosenmarmelade weichkneten, unter die Mandelmischung mengen. Nun die Äpfel damit füllen, mit Zimtzucker bestreuen und vier Esslöffel Wasser in den Topf geben. Auf dem Herd im geschlossenen Topf auf mittlerer Stufe etwa 20 bis 30 Minuten garen.

Früher wurden im Winter ins Rohr des Kachelofens gewaschene Äpfel gelegt und gebraten. Sie wurden ohne Zugabe von Zucker verzehrt.

Apfel-Sanddorn-Strudel mit Mohnkruste

Strudelteig:

250 g	Mehl
100 ml	Wasser
3 EL	Öl
1 Prise	Salz
1	Ei

Füllung:

1 kg	Äpfel
2 EL	Zitronensaft
100 g	Zucker
1 TL	Zimt
30 ml	Sanddornsaft
50 ml	Rum
50 g	Rosinen
50 g	Butter
50 g	Walnüsse, fein gehackt

Außerdem:

40 g	Mohn
	Puderzucker zum Bestäuben

Strudelteig herstellen, leicht mit Öl bestreichen und zugedeckt circa zehn Minuten ruhen lassen.
Rosinen in Rum einweichen. Äpfel entkernen, vierteln und in feine Scheiben hobeln. Äpfel, Zitronensaft, Sanddornsaft, Zucker, eingeweichte Rosinen und Zimt gut vermischen.
Den Strudelteig hauchdünn ausrollen. Butter zerlassen, den Teig mit Butter einstreichen, wenig Zucker und gehackte Walnüsse darüberstreuen. Die Füllung auf dem Teig verteilen, Ränder einschlagen und aufrollen.
Den Strudel auf ein mit Backpapier belegtes Backblech legen, mit der restlichen Butter bestreichen, mit Mohn bestreuen.
Im vorgeheizten Backofen bei 180° C Umluft circa 30 Minuten backen.
Anschließend mit Puderzucker bestäuben.
Mit einer frischen Vanillesoße servieren.

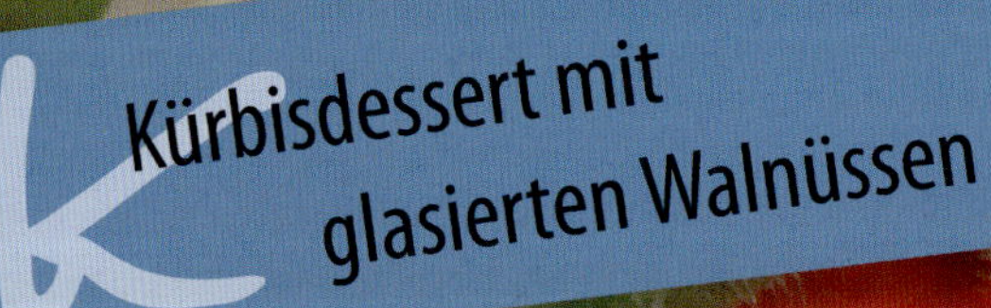

Kürbisdessert mit glasierten Walnüssen

1	Hokkaido-Kürbis
2	Zimtstangen
200 g	Zucker
150 g	Honig

Glasierte Walnüsse:

250 g	Walnüsse
100 g	Zucker
60 ml	Wasser
30 ml	Honig

Den Hokkaido-Kürbis halbieren und die Kerne und Fasern mit einem Löffel herausnehmen. Anschließend je Hälfte in vier mittelgroße Spalten schneiden.
Die Kürbisscheiben in einem großen Topf schön platzieren. Den Zucker gleichmäßig über die Kürbisscheiben streuen. Bei anfangs hoher Hitze und offenem Deckel kurz erhitzen. Sobald der Kürbis etwas Wasser lässt, die Hitze reduzieren. Anschließend die Zimtstangen hineinlegen und den Honig dazugeben. Bei schwacher Hitze etwa 30 bis 40 Minuten garen (mit einer Gabel in das Fruchtfleisch einstechen, um zu überprüfen, ob der Kürbis schon gar ist).
Aus Wasser, Zucker und Honig einen Sirup kochen. Die Walnüsse zugeben und darin fünf Minuten rühren. Die Walnüsse ohne Sirup auf ein mit Backpapier ausgelegtes Backblech legen und zehn Minuten bei 160° C backen bis sie trocken und leicht geröstet sind.
Sobald der Kürbis gar ist, die Zimtstangen entnehmen und die Kürbisscheiben sehr vorsichtig auf einem flachen Teller nebeneinander anrichten. Je nach Geschmack Walnüsse klein hacken und das Kürbis-Dessert damit garnieren. Mit Zimtpulver bestreuen.

Topfenküchle mit Wildbeerensoße

Zutaten für 30 Stück:

Für den Teig:

250 g	Magerquark
3	Eier
1 Prise	Salz
40 g	brauner Rohrzucker
1 P.	Vanillezucker
100 g	Dinkelmehl

Zum Ausbacken:

ca. 60 g	Butterschmalz

Wildbeerensoße:

600 g	gemischte Wildbeeren (evtl. tiefgefroren) z.B. Brombeeren, Himbeeren, Ebereschen, Heidelbeeren, Johannisbeeren oder entsteinte Kirschen, Kornelkirschen ...
60–80 g	Honig oder Zucker
250 ml	Apfelsaft

Für die Zubereitung den Quark in eine Schüssel geben. Eier, Salz und Vanillezucker hinzugeben und mit einem Schneebesen zu einer cremigen Masse verrühren.

Nun so viel Mehl hinzugeben und weiterrühren, bis ein etwas cremiger Teig entstanden ist, welcher nicht zu dünn vom Löffel abläuft. Dieser sollte später in der Pfanne etwas standfest sein. Den Teig noch etwa 20 Minuten zugedeckt in der Küche stehen lassen, damit das Mehl etwas Zeit zum Nachquellen bekommt. Einen Esslöffel Butterschmalz in eine beschichtete Bratpfanne geben und erhitzen. Mit einem Esslöffel etwa vier bis fünf kleinere Küchlein – in etwas Abstand zueinander – nebeneinander in die Pfanne setzen und bei mittlerer Hitze auf beiden Seite hellbraun ausbacken.

Auf eine vorgewärmte Platte legen und im Ofen zugedeckt warm halten, bis alle Küchle gebacken sind.
Übrigens: Topfen ist die alte Allgäuer Bezeichnung für Quark.
Die Beeren in eine Schüssel geben und antauen lassen. In einen Topf geben und mit Apfelsaft zum Kochen bringen. Aufkochen lassen und mit dem Mixstab pürieren. Nach Wunsch durch ein Sieb streichen und mit Honig süßen. Abkühlen lassen und zu den Topfenküchle reichen.

Allgäuer Kräuterlandhof
Familie Bächle-Waibel,
Ofterschwang

Rita Brinz

Gerti Epple
www.wildkraeuterfrau.info

Aufgewachsen bin ich im schönen Westallgäu, wo ich auch heute mit meinem Mann und unseren drei Kindern lebe.
Zu Beginn meiner beruflichen Laufbahn war ich jahrelang als Hauswirtschaftliche Betriebsleiterin und Ausbilderin in Gemeinschaftseinrichtungen tätig. Heute bin ich Fachlehrerin für Hauswirtschaft und Mitglied im Prüfungsausschuss für den Beruf Hauswirtschafter/in.
Meine besondere Leidenschaft gehört der Allgäuer Küche mit ihren vielfältigen, bodenständigen Gerichten aus regionalen Zutaten.
So entstanden die Kochbücher „Allgäuer Küche - Süßes nach altbewährten Rezepten", 1994; „Lieblingsgerichte aus dem Westallgäu", 2007; „Süßes Allgäu", 2013; „Herzhaftes Allgäu", 2015 und „Westallgäu - Bräuche durchs Jahr", 2015.
Jahrelang war ich auch für den Bayerischen Bauernverband unterwegs, um Kindern in den Grundschulen den „Ernährungsführerschein" zu vermitteln. Denn es ist mir besonders wichtig, gerade Kindern und Jugendlichen das Wissen über gesunde Ernährung und natürliche Lebensmittel nahezubringen, kennen sie doch oftmals kaum etwas von den gesunden und wohlschmeckenden Dingen, die uns die Natur direkt vor unserer Tür Jahr für Jahr schenkt.

Wir bedanken uns bei:

- Unseren Familien, die uns mit Zeit und Geduld beschenkt haben. Ohne ihren Rückhalt hätte unser Kochbuch nicht entstehen können.
- Den Nachbarn und Freunden für ihre Rezepte
- Kristina Rundt für das exakte und kritische Lektorat
- Angela Bauer für das „junge" und farbenfrohe Layout
- Elisabeth und Sepp Bauer für die konstruktive und harmonische Zusammenarbeit

Auf einem Biohof im Westallgäu aufgewachsen, lebe ich heute auf einem idyllischen Bauernhof im Oberallgäu - und so war und ist mir das „Selberkochen" mit regionalen und saisonalen Lebensmitteln schon seit jeher vertraut und wichtig.
Nach meiner Ausbildung zur Fachlehrerin für Ernährung und Hauswirtschaft unterrichte ich seit 1994 an der Landwirtschaftsschule Abteilung Hauswirtschaft. Schon immer habe ich ganz selbstverständlich viele Garten- und Wildkräuter sowie Wildfrüchte aus Feld und Wald in meinen Gerichten verwendet. Ich möchte damit zeigen, dass gesundes Essen auch vegetarisch sein kann und fantastisch schmeckt. Seit Beginn meiner beruflichen Tätigkeit vermittle ich in Kochkursen, Workshops und Seminaren die Verwendung hochwertigster regionaler Bioprodukte und zeige, dass mit wenigen Kniffen und Tricks einfach und schnell ein schmackhaftes Menü gezaubert werden kann.
Meine große Leidenschaft gehört den heimischen Kräutern und Wildpflanzen. Als Dozentin in traditioneller Kräuter- und Heilpflanzenkunde bin ich vor allem im Verein Allgäuer Kräuterland e.V. (www.allgauer-kraeuterland.de) tätig. Als Initiatorin und Leiterin der Jahres-Ausbildungen „Allgäuer Wildkräuterführer/in" und der Fachausbildung für Selbstversorgung möchte ich mein Wissen und meine Erfahrung weitergeben. Dies gelingt mir, wie ich hoffe, auch durch meine zahlreichen Auftritte im Fernsehen und Radio sowie über Fachartikel in mehreren Zeitschriften.
Als Vorsitzende des Vereins Allgäuer Kräuterland e.V. setze ich mich besonders für den Erhalt der traditionellen Kräuter-Heilkunde im Allgäu ein. Ein Teil des Erlöses dieses Buches kommt dem Vereins Allgäuer Kräuterland e.V. zur Unterstützung seines Projekts „Traditionelle Heilkunde im Allgäu" zugute. Dieser setzt sich zum Ziel, das uralte Heilwissen des Allgäus zu bewahren und weiterzuentwickeln.
www.allgaeuer-kraeuterland.de

Lebensqualität pur!

Ich bin als eines von drei Kindern am Stadtrand einer Kleinstadt aufgewachsen. Mein Vater verdiente als „armer Schullehrer" grad mal einige Hundert Mark. So war es klar, dass der 1300 Quadratmeter große Garten intensiv mit Gemüse und Obst genutzt wurde. In den Ferien fuhren wir zu meinen drei Onkels, wo wir auf deren Bauernhöfen mithalfen. In unserem eigenen, kleinen Garten ernten wir Kornelkirschen, Himbeeren, Äpfel und Birnen, in einem abwechslungsreichen Kräuterbeet stehen auch Raritäten wie Bronzefenchel und Ananassalbei. Tomaten, Gurken und Zucchini erhalte ich von Nachbarinnen im Tauschgeschäft gegen Schwammerl.

Die Ernährung der Zukunft ?

Die Ernährung der Zukunft ist Leitthema der Weltausstellung 2015 in Mailand. Das Problem, dem sich Wissenschaftler aus 150 Nationen stellen müssen, ist eindeutig und dringlich: Nach neuesten Schätzungen wird die Weltbevölkerung bis zum Jahr 2050 auf 9 Milliarden Menschen ansteigen, ohne dass unsere landwirtschaftlichen Anbauflächen auch nur annähernd in diesem Umfang wachsen. Experten sind sich einig, dass die industrielle Produktion von Nahrungsmitteln eine immer größere Rolle spielen wird – ob es uns gefällt oder nicht. Ich habe einige Trends in Kurzfassung zusammengetragen:

Ei ohne Huhn: Forscher sind sich einig: In naher Zukunft braucht man keine Hühner oder andere Tiere, um Eier zu erhalten. Vor allem bei Produkten wie Mayonnaise, Nudeln, Kuchen usw. wird ein Pulver aus gemahlenen Bohnen, Erbsen, Hirse oder anderen Pflanzen das tierische Ei ersetzen – und das wesentlich günstiger als das Original.

Functional Food: Joghurt, der uns leistungsfähiger macht, Drinks die uns zu mehr Kreativität verhelfen, Nahrungsprodukte ausschließlich für unsere Gesundheit – Functional Food passt perfekt in unsere moderne Welt: schöner, gesünder, leistungsfähiger.

Smooth Food: Es gibt immer mehr Menschen mit besonderen Bedürfnissen und Einschränkungen. So werden bei Smooth Food Nahrungsmittel durch Pürieren, Passieren, Schneiden, Mixen oder Aufschäumen für ältere Menschen mundgerecht vorbereitet.

Fleischlos: Es gibt immer mehr Alternativen für immer mehr Vegetarier und Veganer, wie zum Beispiel Tofu und Seitan. Wissenschaftler arbeiten auch an neuen Produkten aus Lupinen.

Insekten: Die Welternährungsorganisation FAO empfiehlt Insekten wie Heuschrecken, Raupen, Engerlinge und andere auf unseren Tellern. Das, was wir in der westlichen Welt als ekelig empfinden, schmeckt bei richtiger Zubereitung nicht nur gut, sondern ist auch sehr eiweißreich und enthält viele Vitamine, Mineralien und Spurenelemente.

Essen aus dem 3-D-Drucker: Ich nehme mein Smartphone, programmiere mir damit ein schmackhaftes Gericht und drucke es gleich aus. Klingt praktisch, oder? Weltweit arbeiten Forscher fieberhaft an der Verwirklichung dieser Vision. Schon in 5 bis 10 Jahren könnte es soweit sein. Allerdings, ein Drucker benötigt Tinte – in diesem Fall Rohstoffe, diese müssen wachsen, dazu benötigt man Anbauflächen und wir drehen uns möglicherweise nur im Kreis.

Technik: Die Rede ist von Tablets, Smartphones, Uhren, Chips u.a. die uns in Zukunft erklären werden, was wir essen sollen. Sie werden uns auf Abruf Rückmeldung über unseren Gesundheitszustand geben, was uns fehlt, was uns noch gesünder, noch leistungsfähiger macht, uns noch länger leben lässt. Jeder einzelne Baustein, jede Zelle unseres Körpers wird permanent überwacht.

Natürlich hegen wir die Hoffnung, dass mit diesen zukünftigen Errungenschaften der Welthunger gestillt werden kann, oder wir länger und gesünder leben. Aber wollen wir dafür zum Beispiel auch ein Kulturgut, wie die „normale" Essenszubereitung, das Kochen opfern? Wollen wir die Tomate aus dem Drucker ziehen oder nicht doch lieber auf dem Markt kaufen oder selbst von der Staude pflücken? Wer wird noch Hühner halten, wenn man sie für Eier nicht mehr braucht?

Fazit: Bei aller Euphorie über den Fortschritt, den diese Entwicklungsmöglichkeiten mit sich bringen, müssen wir - als Individuen und als Gesellschaft - dennoch Augenmaß bewahren: Was wollen wir, was wollen wir nicht?

Josef Bauer, Verleger

Der BAUER-VERLAG präsentiert:

NATURGESCHICHTE ALLGÄU

Dr. Michael Schneider | ISBN 978-3-941013-80-3 | 608 Seiten | 17x24 cm | **26 Euro**

„Ein Buch, das es in dieser umfangreichen Art und Weise bislang noch nicht gegeben hat."
(Das schöne Allgäu, September 2011)
„Solch ein Buch wünschen sich Natur-Neugierige für Brandenburg."
(Oranienburger Generalanzeiger, September 2011)
„Alles in allem, ein interessantes Geschenk für alle kritischen Liebhaber des Allgäus."
(www.cipra.de, 2012)

WESTALLGÄU - BRÄUCHE DURCH DAS JAHR

Rita Brinz | ISBN 978-3-95551-010-7 | 17 x 24 cm | 200 Seiten | Hardcover | **14 Euro**

Wissen Sie, woher der Osterhase kommt und welche Bedeutung die Osterfeuer haben? Wissen Sie, woher der Osterhase kommt und welche Bedeutung die Osterfeuer haben? Warum binden wir Kräuterboschen zu Mariä Himmelfahrt und warum werden die Tiere bei der Viehscheid gekranzt? Weshalb maskieren wir uns in der Fasnacht und backen Kiechle zum Funkensonntag?
Diese und andere Fragen will die Mutter von drei Kindern beantworten. „Begleiten Sie mich auf der Reise durchs Jahr und lassen Sie sich vom Rhythmus der Natur faszinieren. Helfen Sie mit, dass diese Bräuche der nächsten Generationen überliefert werden!"

AUS DEM GARTEN ...IN DIE KÜCHE ...AUF DEN TISCH!

Kochbuch von Regens Wagner | ISBN 978-3-95551-049-7 | 17 x 24 cm | 144 Seiten | Hardcover | **12 Euro**

Seit vielen Jahren schon versorgt die Bioland-Gärtnerei der Magnus-Werkstätten Holzhausen das Umland mit hochwertigem Gemüse, auch mit regelmäßig ins Haus gelieferten Abo-Kisten. Diese enthalten neben dem Gemüse auch Rezepte als Anregung für die Zubereitung der teils nicht alltäglichen Sorten wie Pastinaken oder Schwarzwurzeln. Die Rezepte – viele vegetarisch oder vegan, andere mit Fleisch oder Fisch – sind gut nachzukochen und haben vielen Kunden schon große Freude bereitet. 165 Rezepte, 30 Salat- und Gemüsearten.

ZUM GREIFEN NAH: DIE STERNE ÜBER DEM ALLGÄU

Dr. Michael Schneider | ISBN 978-3-95551-011-4 | DIN- A4 | 40 Seiten | **8 Euro**

Der Sternenhimmel über dem Allgäu
- Mit drehbarer Sternkarte
- Sternenhimmel im Jahresverlauf
- Aussichtspunkte & Sternwarten im Allgäu
- Eindrucksvolle Fotos von Jonathan Besler

BAUER-VERLAG

Gennachstraße 1, 87677 Thalhofen, Tel. 08345/1601, www.verlag-bauer.de